KB005617

신미양요

신미양요

역사의 길

06

신효승

글누림

현재 우리가 살고 있는 사회는 어떻게 형성되었을까? 그 연원을 살펴보는 것은 역사학의 가장 중요한 질문 중에 하나입니다. 역사에서 산업화, 민주화 등에 방점을 찍고 있는 이유도 여기에 있습니다. 현대 사회의 주요 특징을 산업화와 민주화에 있다고 보기 때문입니다. 그런 측면에서 이러한 근대적 양상이 국지적 한계를 넘어 국제 질서 속에서 유기적 관계를 맺기 시작한 세계화는 현대 사회의 주요 특징이라고 할 수 있습니다. 신미양요는 조선 역시 국제 질서 속에 편입되는 과정을 잘 보여주는 사건이라고 할 수 있습니다.

한말 조선에서는 'The United States of America'를 '미국'(美國)이라 불렀습니다. '미국'이라는 명칭은 중국에서 'America'를 음역한 '미리견'(美利堅)에서 유래되었다고 알려져 있습니다. 그 역사적 유래를 좀더 살펴보면 1602년 마테오 리치가 중국에서 간행한 '곤여만국전도'(坤輿万國全圖)까지 거슬러 올라가게 됩니다. 여기서 마테오 리치는 아메리카 대륙을 '아묵리가'(亞墨利加)라고 표기했습니다. '곤여만국전도'의 영향은 이후 이수광의 '지봉유설'(芝峰類説, 1614)과 김정호의 '지구전후도'(地球前後

圖, 1834)에서도 찾아볼 수 있습니다.

하지만 아묵리가와 미리견은 음절상 네 음절과 세 음절로 차이가 있습니다. 이에 대해 알려진 바로는, 듣기에 따라 '아메리카'의 경우 네 음절보다 '아'를 생략한 '메리카'의 세 음절로 인식되는 경향이 있다고 합니다. 이런 경향 덕분에 '아'에 해당하는 한자 표기를 생략하고 '미리가'(美理哥, 해국도지), '미리견'(米利堅, 영환지략) 등으로 표기하기도 했다는 것입니다.

그러나 공식적인 미국의 한자 표기는 1844년 청과 미국이 맺은 최초의 조약인 왕샤조약에서 확인할 수 있습니다. 왕샤조약에서 청은 미국을 '아미리가합중국'(亞美理駕合衆國)이라고 지칭했습니다. 이후 미국은 조선에서도 동일한 명칭을 사용했습니다. 신미양요 당시 미함대 사령관은 조선 관헌의 "어디서 왔는가?"라는 질문에 "아미리가합중국"에서 왔다고 답변했습니다. 그리고 조선 정부에 보내는 문서에도 자신들의 국명을 '아미리가합중국'이라고 표기했습니다.

이처럼 신미양요 당시 상대에 대한 공식적인 호칭조차 아직 정해진 것이 없었을 정도로 당시 조선은 미국에 대해 알고 있는 것이 별로 없었습니다. 그렇기 때문에 신미양요 당시 방비의 한 축을 담당했던 수원 유수 신석희조차 "우리 역사에 미리견이라는 나라가 없었다"라고 하면서, "그들이 극서(지구 반대편)에서 방비가 철통같은" 조선에 배를 끌고 왔다고 회고했습니다.

다만 조선은 이들에 대해 어느 정도 대비 태세를 갖추고 있었습니다. 특히 병인양요 이후 서양 선박에 대해 꾸준히 연구를 계속했습니다. 손돌목을 중심으로 염하를 봉쇄할 수 있는 계획까지 마련하고, 봉

화를 이용한 경보 체계까지 구축하는 등 나름의 대책을 강구했습니다. 실제 미 군함이 접근했을 때 이들의 움직임은 바로 서울에 보고됐습니다. 미 군함이 덕진진 앞에 있는 경고까지 무시했을 때는 이미 손돌목 주변 포대에 조선군이 배치된 상태였습니다. 병인양요 때와는 전혀 다른 양상이라고 할 수 있었습니다.

미국 역시 대조선 원정을 준비하면서 조선에 대한 정보가 부족하여 고심했습니다. 당시 미국 언론에는 조선의 야만성을 매우 강조하는 기사가 이어졌습니다. 문제는 이러한 기사가 제대로 된 정보를 토대로 한 것이 아니라는 점이었습니다. 이를테면 뉴욕 이브닝 포스트지는 조선은 난파한 선원을 노예로 만들거나 살해하고 있다는 기사를 실었습니다(*The New York Evening Post*, 1871. 6. 17). 그 외에도 출처 불명의 다양한 정보가 범람했습니다.

이러한 잘못된 정보 속에서 미국은 대조선 전쟁을 준비했습니다. 그나마 5년 전 벌어진 조선과 프랑스 간의 전쟁에서 프랑스군이 남겨 놓은 정보를 일부 획득하여 활용할 수 있었습니다. 하지만 그것만으로는 전쟁을 준비하게 부족했습니다. 결정적으로 전쟁을 정치의 연장이라는 측면에서 바라본다면, 누구와 무엇을 어떻게 협상할 것인지 구체적인 계획을 수립하기 위한 보다 많은 정보가 필요했습니다. 최소한 조선의 위정자와 그들이 처해있는 정치적 상황 정도는 파악할 필요가 있었습니다. 하지만 당시 미국 언론의 기사를 토대로 살펴보면 미국은 대원군과 고종의 관계조차 제대로 파악하지 못하고 있었습니다. 이런 상황에서 미국은 전쟁을 시작하고자 했습니다.

이때 일본은 미국 군함에 자국 관리를 태우기 위해 미국과 교섭을 진행하고 있었습니다. 일본은 미국 군함에 관리를 태워 미국과 조선 간의 전쟁에서 정보를 수집하고자 했습니다. 일본은 이 전쟁에서 조선이 패배할 것으로 예상하고, 조선이 패배하면 이를 중재한다는 계획까지 세우고 있었습니다. 이때 중재 조건으로 조선에 국교 수립을 제안한다는 심산이었습니다.

하지만 일본의 예상과 달리 신미양요는 조선의 승리로 끝났습니다. 미국은 전쟁의 성과도 얻지 못한 채 돌아갈 수밖에 없었습니다. 일본 역시 원하던 성과를 거둘 수는 없었습니다. 자국 관리를 미국 군함에 태울 수도 없었고, 기대하던 조선의 중재 요청 역시 없었습니다. 다만 일본은 미군의 패배에서 많은 교훈을 얻을 수 있었습니다. 특히 국제 관계에서 상대에 대한 정보의 중요성을 깨닫고, 조선에 많은 밀정을 잠입시키는 계기가 되었습니다.

이처럼 신미양요는 당시 국제 관계 속에서 조선이 직면했던 상황을 잘 보여줍니다. 여기서는 당시 국제 정세와 군사적 상황을 중심으로 신미양요의 전개 과정을 새로운 관점에서 살펴보고자 하였습니다.

2021년 12월

신효승 씀

차례

사실 이러한 조선의 원칙은 조선의 문화와 전통을 알고 있다면
누구나 수긍할 수 있는 것이었다. 그러나 19세기 중반까지 서구인에게 조선은
미지의 세계였다. 따라서 여러 사례가 있더라도 조선의 이러한 원칙과 대응을
서구인이 이해하는 데는 일정한 한계가 있었다.
제너럴 셔먼호 사건은 이러한 오해를 증폭시키는 결정적 불씨가 되었다.

1장

조선의 정세

1871년 초 조선의 민심과 정국은 대단히 흉흉하였다. 조선의 민심이 흉흉했던 원인 중에 하나는 전국 각지에서 연이어 일어난 각종 자연 재해였다. 특히 1860년대 극심한 흉년과 그로 인한 기근은 백성의 삶을 극히 피폐하게 만들었다. 장기간 이러한 재해가 이어지면서 조선 사회가 만들어 놓았던 일종의 전통적 사회 안정망 역시 무너지고 있었다.

이로 인해 많은 이들이 정든 고향을 등지고 유랑민이 되었다. 특히 조선 북부 지역에서는 큰 홍수까지 겹치면서 다수의 유민이 발생하였다. 여기에 1869년과 1870년에 연이어 흉년이 이어지면서 많은 사람이 굶어 죽는 상황에 이르기도 하였다. 원래 조선에는 이런 상황을 막기 위한 다양한 제도적 보완 장치가 존재하였다. 이를테면 조선에서는 이런 경우를 대비해 환곡을 마련하여 사람들이 유민이 되거나 굶어 죽는 것을 막았다. 왜냐하면 사람들이 기근에 시달리다가 자칫 도적떼가 되거나 민란을 일으킬 수 있기 때문이었다. 그러므로 이런 문제에 대해서는 조선 정부 차원에서 적극적으로 대처해야만 하는 상황이었다.

그럼에도 불구하고 많은 사람들이 기근에 시달리다가 굶어 죽는 상황에 이르게 된 것은 환곡제를 비롯한 각종 사회 안전망이 부패의 온상으로 변질되었기 때문이었다. 오히려 관리들은 환곡제를 수탈의 빌미로 삼았다. 이 과정에서 많은 백성이 유리걸식하게 되었고 심지어 굶어 죽기도 하였다.

이에 조선 북부 지방에서는 범월죄로 인한 처벌을 무릅쓰고 땅을 개간하기 위해 두만강, 압록강을 건넜다. 심지어 그중 일부는 중국과 러시아로 솔가도주하였다. 이 수는 점차 증가하여 수천 명에 달하였다. 이들은 점차 중국 동북지역 내륙까지 들어가 살기 시작하였다. 그중 다수가 중국인의 소작농으로 전락했지만, 그럼에도 많은 조선인이 이주하였다. 조선 정부에서 국외로 솔가도주한 이들을 찾아내기 위해 관리를 파견할 정도였다. 그만큼 조선의 상황은 좋지 않았다.

조선의 정치적 상황 역시 매우 심각하였다. 당시 조선은 흥선대원군이 집권하고 있었다. 1863년 12월 8일 철종이 후사 없이 승하하자 당시 대왕대비 신정왕후는 흥선군 이하응의 둘째 아들을 새로운 국왕으로 지명하여 그 뒤를 잇게 하였다. 그가 바로 조선 26대 국왕인 고종이다. 고종의 친부인 흥선군은 흥선대원군에 봉작되었다. 고종 즉위 초 신정왕후가 수렴청정하였지만, 이것은 명목상이었고 사실상 흥선대원군이 섭정으로서 정사를 주관하였다.

흥선대원군의 공식 칭호는 '대원군'이었다. 하지만 그는 '국태공'이라는 호칭을 선호하였다. 이는 본인이 국왕의 아버지임을 드러내고자 한 것이었다. 대원군의 위상은 시기별로 변화했지만, 홍선대원군의 실질적인 권한은 대신보다 우위에 있었다.[1]

▲ 홍선대원군

집권 이후 홍선대원군은 오랜 세도 정치로 누적된 조선의 사회적 모순을 제거하고, 부국강병 정책을 추진하였다. 홍선대원군은 기존 붕당과 세도 정치의 틀을 타파하기 위해 인사 개혁을 단행하여 중앙 정부의 요직에 사색 당파를 두루 기용하였다. 기존에 소외받던 인재를 적극적으로 발탁하였기 때문에 신분과 지역에 관계없이 능력이 있다면 요직에 들어갈 수 있었다. 이러한 정책을 통해서 홍선대원군은 체제를 공고히 하였다.

1868년 홍선대원군은 전국의 미사액 서원과 향현사를 조사하고, 훼철을 지시하였다. 홍선대원군의 조치는 단순히 서원을 유림의 정치적 본거지로 여기고 견제하는 수준을 넘어서는 것이었다. 사실상 서원이 조선을 망가뜨리는 사회적 폐단의 근원

1   연갑수, 『대원군집권기 부국강병정책 연구』, 서울대학교출판부, 2001, 27쪽.

이라고 단정하고, 이로 인해 백성에게 많은 해를 끼친다고 평가한 결과였다.[2] 결국 1871년 3월에는 전국 사액 서원 중에 47개소만 남기고 나머지 사액 서원을 모두 철폐하도록 지시하였다.[3]

조선 중기 이후 설립된 서원은 유학의 성현에게 제사를 지내는 장소인 동시에 사설 교육 기관으로서 각 지역에서 중요한 역할을 담당하였다. 이 과정에서 서원은 점차 주요 정치 세력의 근거지로 자리 잡았다. 하지만 한말에 이르러 서원은 탈세와 군역 회피 등 각종 폐단의 근원지처럼 여겨지기도 하였다. 이를 빌미로 대원군은 집권 직후부터 서원 개혁을 추진하였고, 결국 1871년 전국의 서원을 통폐합하는 조치를 취할 수 있었다. 사실 서원 철폐의 정치적 배경에는 향촌 사족들의 기반을 약화시키려는 의도가 있었다. 이는 흥선대원군이 추진 중이던 민보 설치가 좌절되고 사창제가 변용되는 등 일련의 과정을 거치면서 사족들의 기반을 잠재워야 할 필요를 느꼈기 때문이었다.[4] 이때 각 지역의 유림은 흥선대원군의 조치에 반발하여 집단으로 상경해 상소를 올리기도 하였다. 하지만 흥선대원군은 이들을 강제로 해산시키고 서원 철폐 조치를 강행하였다.

이때 조선에 한 통의 편지가 도착하였다. 미국 정부에서 보낸 것이었다. '병인년(1866년)에 미국 상선(商船) 2척이 조선 경내

---

2   이수환, 「大院君의 院祠毁撤과 嶺南儒疏」, 『교남사학』 6, 1994, 112~125쪽.

3   『고종실록』 8권, 고종 8년 3월 20일, '전국의 서원 중에서 47개 서원만 남기고 나머지는 철폐하다'.

4   연갑수, 『대원군집권기 부국강병정책 연구』, 서울대학교출판부, 2001, 237쪽.

에 들어왔다가 한 척은 풍랑을 만났으나 구원되었다. 그러나 다른 한 척은 사람도 죽고 화물도 없어졌다. 이처럼 서로 판이하게 하나는 구원되고 하나는 피해를 당한 까닭을 알 수 없으니 그 원인'을 알고 싶다는 것이었다. 아울러 '뒷날 우리나라(미국)의 상선이 혹시 조선의 영해에서 조난당할 경우 원칙에 입각해 구해주고 화목하게 서로 대우하자'는 내용이었다.[5]

이에 조선 정부는 지금까지 조선 인근 해역에서 조난당한 선박을 어떻게 처리했는지 살펴보았다. 그 중심에는 조선 해안에 접근하는 이양선에 대한 원칙과 처리 과정이 있었다. 조선 정부에서는 전례를 살펴 '조난당해 정박한 다른 나라 여객선의 경우 양식을 원조하고 필수품을 대준 뒤에 순풍을 기다려 돌려보내기도 하고, 배가 파손되어 온전치 못하면 육로로 호송'한 것을 확인하였다. 미국 선박의 경우에도 마찬가지로 원칙대로 대응하고 있었다.

만일 이들이 통상을 요구한다면 조선에서는 해금정책에 따라 이러한 요구를 단호히 거절하는 것이 원칙이었다. 그러나 그 이외의 문제는 유원지의에 따라 대응하는 것이 원칙이라고 할 수 있었다. 이양선이 호의적으로 나온다면 조선 측에서도 호의로 대접하고, 그들이 예절을 갖춘다면 조선 측에서도 예절을 갖추어 대접한다는 것이었다. 그러나 그들이 악의를 가지고 접근한다면 조선도 어쩔 수 없이 적대적으로 대할 수밖에 없었다.

5　『고종실록』8권, 고종 8년 2월 21일, '미국의 서한 문제로 북경에 자문을 띄우다'.

그럼에도 불구하고 멀리서 온 이들에게는 유원지의에 따라 다소간이라도 음식물을 지급하는 것이 조선인들의 도리였다.[6]

병인년 대동강을 따라 평양 인근까지 올라온 선박은 악의를 가지고 접근한 경우라고 할 수 있었다. 우선 그 배는 풍랑 같은 어쩔 수 없는 상황에 처해 조난당한 배가 아니었지만, 조선 측에서는 유원지의에 따라 여러 차례 그 배에 식량 등을 공급하였고, 조속히 돌아갈 것을 요구하였다. 그럼에도 불구하고 그들은 계속 대동강에서 머물렀고 심지어 상륙하거나 대동강을 거슬러 올라갈 움직임을 보였다. 이에 조선은 그들에게 엄중히 경고하였다.

하지만 그 배는 이러한 조선 측의 선의를 무시하고 오히려 대동강을 거슬러 올라와 우리나라 사람을 멸시하고 학대하였다. 조선의 대응은 사실상 정당방위 차원의 대응이라고 할 수 있었다. 특히 평양 군민이 그 배를 불태운 것은 이들이 조선 관리를 붙잡고, 많은 인명을 살상했기 때문에 어쩔 수 없는 일이었다. 그리고 조선은 사건 직후 청을 통해 당시의 상황을 자세히 설명했기 때문에 미국이 해명을 요구했을 때 또 다시 언급하는 것은 불필요하다고 평가하였다.

조선 정부는 '조난당한 객선이 있으면 돌보아주고 호송해 보내는 문제는 의논하여 판명하지 않아도 의심할 것이 없다는 것을 보장합니다. 혹시 호의를 품지 않고 와서 함부로 멸시하고

6   연갑수, 『대원군집권기 부국강병정책 연구』, 서울대학교출판부, 2001, 128쪽.

학대한다면 방어하고 소멸해버릴 것이니 미국 관리와 통역들은 그저 저희(미국) 백성들이나 통제하고 도리에 어긋나게 행동하지 말도록 해야 할 것인데 교섭 여부에 대해서야 다시 더 논할 여지'가 없다는 입장이었다. 조선은 미국이 조선의 실정을 잘 모른 채 통상 교섭을 요청한 것이라고 결론을 내렸다. 따라서 '그 나라(미국) 사신을 잘 타일러서 의혹을 풀어줌으로써 각각 편안하고 무사하게 지내게 한다면 더없이 다행'이지만, 미국에서 보낸 서신에 공식적으로 답장하는 것은 자칫 선례를 남길 수 있기 때문에 해서는 안 된다고 결론지었다.[7]

사실 이러한 조선의 원칙은 조선의 문화와 전통을 알고 있다면 수긍할 수 있는 것이었다. 그러나 19세기 중반까지 서구인에게 조선은 미지의 세계였다. 따라서 여러 사례가 있더라도 조선의 이러한 원칙과 대응을 서구인이 이해하는 데는 일정한 한계가 있었다.[8] 제너럴 셔먼호 사건은 이러한 오해를 증폭시키는 결정적 불씨가 되었다.

7 『고종실록』 8권, 고종 8년 2월 21일, '미국의 서한 문제로 북경에 자문을 띄우다'.
8 연갑수, 『대원군집권기 부국강병정책 연구』, 서울대학교출판부, 2001, 129쪽.

제너럴 셔먼호 사건은 아편전쟁으로 청을 위기에 몰아넣었던
서구 열강의 군사력에 대한 왜곡된 시각을 조선 정부에 심어놓았다.
제너럴 셔먼호는 상선이었고 문정 과정에서도 이를 밝힌 바 있었다.
하지만 대포 등으로 중무장한 상태였기 때문에 조선 측에서
제너럴 셔먼호의 실체를 군함과 구분하기는 어려웠다.

2장

제너럴 셔먼호 사건

메도우즈사(Meadows&Co)는 중국 즈푸와 톈진 등에 지점을 두고 활동하던 영국 무역회사였다.[1] 중국은 1858년 영국 등과 톈진 조약을 체결하면서 잉커우, 즈푸 등 10개 항구를 개항하였다. 이때 톈진 역시 개항하였고, 메도우즈사를 비롯해 많은 서양 회사가 이때 톈진 등에 자리 잡았다. 이후 이 지역의 해상 무역 규모는 급격히 증가하였다. 톈진의 경우 개항 이후 1870년까지 중국 개항장 중 무역량 순위가 6위 정도로 상위권에 속하였다.[2] 다만 상하이 등이 속한 화중 경제권이 중국 무역의 중심을 차지하고 있는 상황에서 톈진 등에 자리해 상하이 무역에 의존할 수밖에 없는 메도우즈사로서는 성장에 한계가 있었다. 메도우즈사가 성장하기 위해서는 새로운 시장이 필요하였다.

메도우즈사는 중국 이외 지역까지 사업 범위를 확장하고자 하였다. 이를 위해 메도우즈사는 여러 가지 준비에 착수하였다.

---

1 *The Chronicle and Directory for China, Japan and Philippines for 1865*, Hong Kong, pp. 197-200.

2 交通部煙臺港務管理局, 『近代山東沿海通商口岸貿易統計資料(1859~1949)』, 對外貿易教育出版社, 1986, 31쪽.

가장 먼저 기존에 왕래하던 곳 이외의 지역까지 다녀올 수 있는 선박이 필요하였다. 이를 위해 메도우즈사는 1866년 7월 제너 럴 셔먼호와 용선 계약을 체결하였다. 제너럴 셔먼호는 미국 선 적으로 선주는 프레스턴(W. B. Preston)이었다. 그는 요양을 위해 텐진을 방문한 것으로 알려졌는데, 이곳에서 메도우즈사와 계 약을 체결하면서 조선으로 출발할 계획을 세웠다.[3]

메도우즈사는 면직을 비롯해 유리, 금속 그릇, 망원경, 자명 종 등 여러 가지 물품을 제너럴 셔먼호에 적재하였다.[4] 이렇게 다양한 물품을 준비한 것은 메도우즈사와 제너럴 셔먼호 모두 조선과 교역을 계획하고 있었지만, 실제로는 조선에 관한 별다 른 정보가 없었다는 점을 반증하였다. 당시 광둥 무역을 비롯한 서구 열강의 대중국 무역은 오랜 기간 지속되고 있었다. 이 과 정에서 서구 열강은 중국과 아시아 국가에 무엇을 팔고, 사야 하는지에 관한 많은 경험을 축적하였다. 그럼에도 불구하고 제 너럴 셔먼호의 조선행 준비 과정에는 이러한 경험이 사실상 거 의 반영되지 않았다. 이것은 조선으로 떠난 제너럴 셔먼호가 출 발 이전부터 심각한 문제를 안고 있었다는 점을 의미하였다.

7월 29일 제너럴 셔먼호는 텐진을 출항해 즈푸로 향하였 다. 즈푸에서 메도우즈사가 물품 대리인으로 보낸 호가스(Geo.

3   김원모, 「슈펠트의 탐문항행과 조선개항계획(1867)」, 『동방학지』 35, 1983, 237쪽.
4   *The Foreign Relations of the United States*(이하 '*FRUS*'), 1867, Part I, China, pp. 425-428.

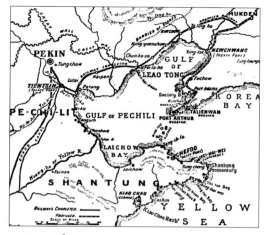

▲ 발해만 지도[5]

Hogarth)와 중국인 항해사, 그리고 영국인 토마스(Robert Jermain Thomas) 등이 동승하였다. 토마스가 제너럴 셔먼호에 승선할 수 있었던 것은 이전에 조선을 방문한 경험이 있기 때문이었다. 그래서 그는 한국말도 약간은 할 줄 알았다. 토마스는 탑승 목적을 조선을 좀더 살펴보고 조선에 대한 지식을 넓히기 위한 것이라고 밝혔다. 하지만 실제로는 선교가 목적이었다. 그는 선교사로서 이전부터 중국에서 선교 활동을 하고 있었고, 1865년 9월 조선에 도착해 2개월가량 선교를 한 경험도 있었다. 그는 선교를 위해 다시 조선에 돌아가려고 했지만 기회가 주어지지 않았다.[6]

5   *The Daily Telegraph*, March 29, 1893, 'Sketch Map of the Gulf of Pechill'

6   William Elliot Griffis, *Corea: The Hermit Nation* (New York: Charles Scribner's Sons, 1882), p. 391.

▲ 1870년 즈푸[7]

　　이후에 그는 프랑스군을 따라 조선에 가고자 하였다. 1866
년 조선에서 천주교에 대한 박해가 일어나자 프랑스가 이를 빌
미로 원정을 준비한다고 알려졌기 때문이었다. 당시 프랑스 극
동함대 사령관인 로즈 제독은 천주교 박해를 피해 조선을 탈
출한 리델 신부로부터 조선의 상황을 전해 들었다.[8] 로즈 제독
은 이 사실을 프랑스 해군성에 보고하는 한편, 베이징의 벨로네
(Henri de Bellonet) 프랑스 대리 공사에게도 알렸다. 벨로네 대리 공

7　John Thomson, ca. 1870. Wellcome collection.

8　펠릭스 클레르 리델, 『리델문서 I』, 한국교회사연구소 번역위원회 역주, 한국교회
　　사연구소, 1994, 75~180쪽.

사는 당시 조선의 종주국으로 알려진 청에 서한을 보내 항의하였다. 이와 함께 톈진 조약에 의거하여 청에 있는 프랑스 선교사가 조선에 들어갈 수 있도록 요청하였다.[9] 하지만 청은 조선이 천주교를 교습함을 원치 않으며 청의 속방이라고 하나 내치와 외교는 자주한다는 이유를 들어 거절하였다.[10]

이에 벨로네는 7월 13일 공친왕에게 서신을 보냈다. 그는 서신을 통해 조선이 중국의 속방이었으나 야만적인 선교사 학살로 인해 청 제국으로부터 분리되었으며, 프랑스 황제는 이 잔인한 폭행을 처벌할 것이라고 선언하였다. 그는 이를 위해 프랑스 군대가 조선으로 원정할 것이며, 조선의 왕위는 프랑스 황제가 정할 것이라고도 언급하였다. 특히 서신에서 벨로네는 청에게 조선에 대한 어떠한 권한이나 권리도 없다는 것을 누차에 걸쳐 확인하였으며, 이에 따라 조선에 대한 청의 어떠한 권위도 인정하지 않겠다고 강조하였다.[11]

7월 17일 공친왕은 벨로네에게 보낸 회신에서 청은 조선의 천주교인 박해 사실을 모르고 있었으며, 자신이 양국 간의 문제

---

9 Ch. Martin, *Expédition de Corée 1866*, p. 185.

10 우철구, 「19C 후반 프랑스의 대외정책과 병인양요」, 『누리와 말씀』 3, 1998, 68~69쪽.

11 Bellonet가 恭親王에게, 1866. 7. 13, 『韓佛關係資料』, 205쪽 ; William Elliot Griffis, *Corea: The Hermit Nation* (New York: Charles Scribner's Sons, 1882), pp. 377-378; 우철구, 「19C 후반 프랑스의 대외정책과 병인양요」, 『누리와 말씀』 3, 1998, 69쪽.

▲ 즈푸항 지도(1872년)

를 해결하도록 노력하겠다고 하였다.[12] 이와 함께 청은 조선에 프랑스 함대가 갈 것이니 화친하라는 내용의 자문을 보냈다.[13] 이에 조선 정부는 8월 17일 회자에서 선교사 처형 이유를 밝히는 한편, 북경에 사람을 보내 그 정당성을 역설하였다.[14] 이러한 청과 조선의 노력에도 불구하고 벨로네는 대조선 원정을 적극적으로 시행하고자 하였다.

하지만 벨로네 등의 대조선 원정 계획은 제대로 추진되지 못하였다. 왜냐하면 프랑스는 메콩강 원정을 추진하면서 우선 인도차이나에 전력을 집중했기 때문이다. 조선 원정은 그 이후로 미뤄졌다.[15] 이로 인해서 프랑스 함대를 따라 조선에 다시 돌

---

12 恭親王이 Bellonet에게, 1866.7.16, 『韓佛關係資料』, 205쪽.

13 Ch. Dallet, *Histoire de l'église de Corée*, t. 2, p.570.

14 우철구, 「19C 후반 프랑스의 대외정책과 병인양요」, 『누리와 말씀』 3, 1998, 70쪽.

15 Roze가 해군장관에게 보낸 편지, 1866. 8. 23(한국교회사연구소 편, 『朝佛關係資料 (1846~1856)』, 『교회사연구』 1, 1977, p. 204.) ; Henri Jouan, 'L'expédition de Corée en 1866 Épisode d'une station navale dans les mers de Chine', in *Mémoires de la Société nationale académique de Cherbourg, vol. 10*, 1871, p. 155.

아가려던 토마스 역시 포기할 수밖에 없었다. 토마스 선교사는 즈푸항에 머물면서 계속 조선에 갈 수 있는 방법을 알아보았다. 이 과정에서 제너럴 셔먼호의 조선행 소식을 듣게 되었다.

제너럴 셔먼호는 호가스와 토마스 선교사 등을 태우고 8월 9일 즈푸항을 출항하여 조선으로 향하였다. 이때 제너럴 셔먼호가 조선에 팔기 위한 물품만 적재하고 있었던 것은 아니었다. 박규수의 보고에 따르면 제너럴 셔먼호는 다양한 무기를 탑재하고 있었다.[16] 실제로 제너럴 셔먼호가 불탄 뒤 건져 올린 물품 중에 대완구 2문, 소완구 2문이 나왔다.[17]

제너럴 셔먼호는 8월 중순 조선 해안에 도착하여 백령도 인근에 정박하였다. 여기서 지난해 토마스 선교사의 조선행을 도와주었던 중국 상인을 만날 수 있었다. 토마스는 이 중국 상인에게 수로 안내를 부탁하였고, 제너럴 셔먼호는 그의 안내로 대동강 입구에 위치한 급수문에 도착할 수 있었다. 이 과정에서 제너럴 셔먼호의 소식이 조선 정부에도 전해졌다.

이양선(異樣船)이 내양(內洋)에 출몰하는 것만도 이미 놀랄 만한 일인데, 양서(兩西) 연안의 포구(浦口)에 제멋대로 왕래하는 것은 또 근래에 없던 일입니다. 해방(海防)이 허

---

16 Alexander Williamson, *Journeys in North China, Manchuria, and Eastern Mongolia with Some Account of Corea* (London : Smith, Elder & Co., 1870), p. 299.

17 『고종실록』 3권, 고종 3년 8월 8일, '평안 감사 박규수가 이양선에서 몰수한 물품을 보고하다'.

술한 데 대해서는 진실로 말할 것도 없겠으나, 이러한 때에 단속하는 방도를 허술하고 느슨하게 해서는 더욱 안 되겠습니다.[18]

제너럴 셔먼호의 동향이 조선 정부에 전해지자, 조선 정부는 이양선이 출몰하는 것을 각별히 유의하도록 지시하였다. 특히 조선 내부에서 이양선에 호응하거나 돕는 행위를 엄중히 경계하였다. 이러한 조선 정부의 조치는 내부 단속만 제대로 하면 이양선이 조선에 접근하는 것을 막을 수 있다는 판단에 근거한 것이었다.

이런 상황에서 8월 19일(음력 7월 10일) 교동 월곶진 앞바다에 이양선 한 척이 정박한 후 통상 교역을 요구하며 경성으로 올라가고자 하였다. 바로 오페르트가 타고 온 배였다. 청의 자문을 비롯하여 이양선이 계속해서 출몰하자 조선 정부는 내부 단속을 더욱 강화하는 한편, 오페르트 등의 통상 요구에 대해서는 단호히 거절하였다.

그들이 말하기를, '우리들은 모두 서양인이며, 저기 서 있는 사람은 북경인(北京人)이다. 이곳에 잠깐 정박하여 있다가 곧 평양(平壤)으로 가려 한다.'라고 하였다. 또 말하기를, '우리나라 사람 7명이 무슨 일 때문에 당신네 나라 양반들에게 죽임을 당했는가? 우리나라의 배 다수가

---

18 『고종실록』 3권, 고종 3년 7월 10일, '이양선을 엄격하게 규찰하도록 하다'.

당신 나라 삼남(三南) 지역의 강으로 보내졌고, 우리들은
평양으로 가기로 하였다.'라고 하였다.[19]

1866년 8월 24일(음력 7월 15일) 평안 병사 이용상은 이양선을
문정한 결과를 보고하였다. 용강 현령 유초환이 8월 16일(음력 7월
7일) 다미현 인근에 정박한 이양선을 문정한 것이었다. 평안 감사
는 이 배가 대동강 입구의 급수문까지 이르렀다고 알렸다. 이어
황주 목사 정대식이 8월 17일(음력 7월 8일) 황주목 삼전방 밖에 있
는 송산리 앞바다에 이양선이 와서 정박하였다고 전하였다.

제너럴 셔먼호의 토마스 등은 조선에서 일어난 천주교인 박
해와 이때 죽은 프랑스 선교사를 언급하며 이에 대한 보복이 곧
시작될 것이라고 이야기하였다. 그러면서 이를 빌미로 조선에
통상 무역 허가를 요구하였다. 황주 목사 정대식은 이러한 요구
에 대해 '먼바다에 와서 정박한다면 혹 이상한 일이 아니라고
받아들일 수도 있겠지만, 당신들은 남의 나라 앞바다까지 넘어
들어 왔다. 우리나라에서는 본래부터 국법(國法)으로 금지되어
있는 만큼 앞으로 전진해갈 수 없다.'고 경고하였다. 하지만 제
너럴 셔먼호는 황주 목사의 경고에도 불구하고 '누가 감히 우리
를 막겠는가? 우리는 곧바로 가려고 한다. 만약 서풍을 만나면
바람을 따라 곧 떠나겠다.'라고 답하며 강행 의지를 보였다. 결

19 『고종실록』 3권, 고종 3년 7월 15일, '평안 병사 이용상이 이양선 6척이 다미현의
주영포에 정박하였다고 보고하다'.

국 이들은 장마로 대동강 물이 불어난 때를 이용해 강을 거슬러 올라갈 수 있었다. 그리고 8월 20일에는 평양 인근까지 도착하였다.

8월 21일(음력 7월 12일) 평양 병사 이용상은 김약수를 문정관으로 삼아 제너럴 셔먼호에 보냈다. 김약수는 조선에 온 목적과 승선 인원 등을 물었다. 이에 토마스 등은 통상을 위해 조선에 왔으며 승선 인원은 20명이라고 답하였다. 그러면서 반대로 서양 선교사 처형과 천주교 박해에 대해 묻고, 이 때문에 군함이 서울로 향했다는 이야기를 했다. 그러나 서울로 향한 군함과 달리 자신들은 교역을 위해 온 것임을 강조하면서, 식량 등을 공급해 줄 것을 요구하였다. 김약수는 서울로 향한 군함에 대해서는 모르는 바이며, 식량은 보급해 주겠다고 약속하였다. 다만 상륙은 절대 허락할 수 없다고 하였다. 이후 조선이 약속대로 식량을 공급하자 제너럴 셔먼호는 석호정까지 거슬러 올라가 정박하였다.

8월 22일(음력 7월 13일) 제너럴 셔먼호는 만경대 아래 두노도 앞에 정박하였다. 이에 순영중군 이현익 등이 배를 타고 제너럴 셔먼호에 다가가 계속 강을 거슬러 올라가는 것에 대해 항의하였다. 이러한 조선 측의 항의에도 불구하고 8월 24일(음력 7월 15일) 오후 제너럴 셔먼호는 한사정까지 진출하여 정박하고, 소형 선박을 이용해 수심을 측량하거나 강변에 상륙하였다.

8월 27일에는 제너럴 셔먼호에서 소형 선박을 보내 또다시

강 상류로 거슬러 올라갔다. 그러자 순영중군 이형익이 배를 타고 접근하여 제너럴 셔먼호로 되돌아 갈 것을 요구하였다. 이때 소형 선박은 이형익이 타고 있던 배를 나포하여 제너럴 셔먼호로 견인하였다. 이 과정에서 순영중군 이형익과 그 일행이 제너럴 셔먼호에 억류당하는 사건이 벌어졌다.[20]

이에 평양 서윤 신태정은 이현익 등의 석방을 요구하였다. 그러나 제너럴 셔먼호는 이를 거부하고 황강정으로 이동하였다. 조선 관리가 제너럴 셔먼호에 억류당한 사실이 알려지자 평양 군민들도 대동강변에 나와 격렬히 항의하였다. 이 과정에서 제너럴 셔먼호가 평양 군민을 향해 위협사격을 가하였다. 그러자 평양 군민도 제너럴 셔먼호에 돌을 던지거나 총을 쏘기도 하였다. 결국 퇴역 장교인 박춘권 등이 배를 타고 제너럴 셔먼호에 돌진해 들어가 겨우 이형익을 구출할 수 있었다. 하지만 이형익과 함께 제너럴 셔먼호에 억류되었던 시종 유순원과 통인 박치영은 이 과정에서 강물에 빠져 생사를 확인하기 어렵게 되었다.

제너럴 셔먼호에 탑승한 선원들은 평양 군민과의 대치 상황이 길어지자 식수 등을 구하기 위해 강안에 상륙하여 선박을 탈취하였다. 이때 평양 군민과 충돌하면서 7명이 사망하고 5명이

---

20 『고종실록』 3권, 고종 3년 7월 22일, '평안 감사 박규수가 이양선에 평양 감영의 중군이 억류되었다고 보고하다'.

부상당하였다.[21] 평양 군민이 모여서 제너럴 셔먼호를 향해 시위를 계속 이어나가자, 9월 2일 제너럴 셔먼호는 또다시 군중을 향해 위협 사격을 하였다. 결국 평양 군민의 분노와 적개심이 폭발하였다.

9월 5일(음력 7월 27일) 조선은 평양 감사 박규수의 지휘하에 제너럴 셔먼호에 화공을 개시하였다. 제너럴 셔먼호는 화공을 피하다가 모래톱에 좌초하였고, 결국 불타기 시작하였다. 제너럴 셔먼호가 불길에 휩싸이자 선원들은 강물에 뛰어들어 익사하거나 평양 군민에게 붙잡혀 죽었다.[22] 조선 정부는 사건의 전모를 청 예부에 통보하는 한편 평양 감사 박규수 이하 관련자의 공로를 치하하고 포상하였다.

제너럴 셔먼호 사건은 위기에 몰아넣었던 서구 열강의 군사력에 대한 왜곡된 시각을 조선 정부에 심어놓았다. 제너럴 셔먼호는 상선이었고 문정 과정에서도 이를 밝힌 바 있었다. 하지만 대포 등으로 중무장한 상태였기 때문에 조선 측에서 제너럴 셔먼호의 실체를 군함과 구분하기는 어려웠다. 두 번째로 조선 정부는 청에서 아편전쟁 이후 서구 열강에 대한 대응책으로 작성된 『해국도지』를 신뢰할 수 있게 되었다. 『해국도지』를 살펴보면 서양 열강은 군함과 대포가 우수하기 때문에 적절히 대응하

---

21 『고종실록』 3권, 고종 3년 7월 25일, '평양 방수성에 정박한 이양선이 상선 물품을 약탈하고 우리나라 사람 7명이 피살되었다고 보고하다'.

22 『고종실록』 3권, 고종 3년 7월 27일, '평안 감사가 평양 백성들이 서양배를 불사르고 영국 사람 최난헌을 죽였다고 보고하다'

기 위해서는 강으로 끌어들여 전투를 하는 것이 유리하다고 되어 있었다. 강에서 전투를 할 경우 군함의 움직임을 손쉽게 통제할 수 있기 때문이었다. 조선도 이러한 방책을 적극적으로 수용하였다. 이러한 방책이 현실적으로 적용될 수 있을 것인가에 대해서는 의문이 남을 수밖에 없었다. 그런데 제너럴 셔먼호 사건은 실제 강에서 이양선과 전투를 벌여 그 움직임을 봉쇄하고 침몰시킬 수 있었다는 점에서『해국도지』의 방책을 실제 적용 가능하다는 측면에서 중요한 의미를 가졌다. 하지만 당시에는 이미 중국 하천용 증기선이 보편화된 상황이었기 때문에『해국도지』에서 제시한 방책은 그 실효성이 퇴색된 상태였다.

제너럴 셔먼호 사건은 그해 12월 좀 더 구체적이지만
상당히 왜곡된 형태로 미국 등에 전해졌다. 제너럴 셔먼호는 대동강이 아닌
한강을 거슬러 올라가다가 해적을 만나 약탈된 것으로 변질되었으며,
해적들이 제너럴 셔먼호를 약탈한 이후 타고 있던 사람들을 묶어 놓은 채 불태웠다고
알려졌다. 이러한 왜곡된 내용은 미국 언론에도 일부 그대로 반영되기도 하였다.

3장

미국의
제너럴 셔먼호
사건 조사

제너럴 셔먼호 사건은 그 직후 벌어진 프랑스군의 강화도 침공과 후퇴 과정에서 서구 사회에 알려졌다. 1866년 10월 15일 프랑스는 병인박해를 빌미로 조선을 공격하였다. 이때 영국 언론에 미국 선적인 제너럴 셔먼호의 소식이 실렸다. 11월 5일 Globe지는 기사에서 제너럴 셔먼호가 10월 5일 조선 해안에서 침몰하였고, 제너럴 셔먼호에 탑승하고 있던 40여 명 역시 조선인에 의해 살해되었다고 보도하였다.[1] 곧이어 Falkirk Herald를 비롯한 다른 신문에도 이와 관련한 소식이 실렸다.[2] 이러한 기사는 사실 관계에서 틀린 점이 많았지만 제너럴 셔먼호가 조선에서 침몰하였고, 그 승선 인원의 생사를 확인하기 어렵다는 점을 처음 보도했다는 측면에서 매우 중요한 의미가 있었다.

---

1   *Globe*, November 5, 1866, 'Money Market This Day'.

2   *Falkirk*, November 13, 1866, 'A Ploughman's Speech' ; *Londonderry Sentinel*, November 6, 1866, 'Schooner Ashore' ; *Derry Journal*, November 7, 1866, 'India' ; *Fifeshire Journal*, November 8, 1866, 'Murder of an American Crew' ; *Newry Telegraph*, November 8, 1866, 'Murder of Forty Persons by Coreans' ; *Weekly Freeman's Journal*, November 10, 1866, 'Murder of Forty Persons'.

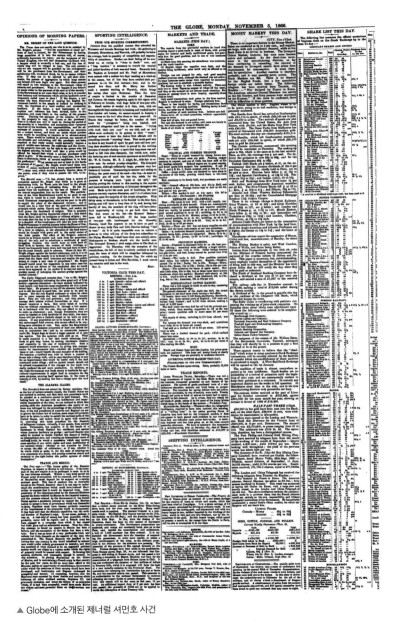

▲ Globe에 소개된 제너럴 셔먼호 사건

미국 정부가 제너럴 셔먼호의 소식을 접한 것은 10월 30일 중국 주재 미국 영사의 보고를 통해서였다. 그는 10월 3일 중국에 주둔 중이던 프랑스 함대 사령관 로즈로부터 제너럴 셔먼호의 소식을 들었다. 당시 프랑스 함대는 조선 원정을 준비하고 있었다. 프랑스 함대는 조선 원정을 준비하면서 조선에 관한 정보를 수집하였다. 이 과정에서 제너럴 셔먼호가 난파되었고 선상에 있던 사람들이 조선인에게 살해되었다는 소식을 파악한 것이다.

제너럴 셔먼호 사건은 그해 12월 좀 더 구체적이지만 상당히 왜곡된 형태로 미국 등에 전해졌다. 제너럴 셔먼호는 대동강이 아닌 한강을 거슬러 올라가다가 해적을 만나 약탈된 것으로 변질되었으며, 해적들이 제너럴 셔먼호를 약탈한 이후 타고 있던 사람들을 묶어 놓은 채 불태웠다고 알려졌다. 이러한 왜곡된 내용은 미국 언론에도 일부 그대로 반영되기도 하였다.

이후 미국 언론은 제너럴 셔먼호가 미국 선적이지만, 즈푸항에서 영국 무역회사와 계약을 맺고 8월 9일 출항했다는 것 등 이전과 달리 상당히 정확하고 구체적인 사항까지 보도하였다. 조선에서 일어난 상황에 대해서도 제너럴 셔먼호가 강을 거슬러 올라가다가 모래톱에 걸려 좌초되었다는 사실까지 구체적으로 설명하였다. 하지만 이처럼 구체적인 보도 내용의 출처 역시 대부분 영국 언론과 중국 주둔 프랑스 함대 그리고 리델 신부 등 프랑스 신부였다는 점에서 영국 신문 기사와 마찬가지로 왜곡되어 있었다.

　하지만 미국 정부는 즈푸항에서 제너럴 셔먼호와 계약을 체결하였던 메도우즈사의 서신을 받고 보다 구체적인 사실 관계를 파악할 필요를 느끼게 되었다. 메도우즈사는 서신을 통해 자신들이 미국 선적의 제너럴 셔먼호와 용선 계약을 체결해 조선에서 무역 활동을 하기로 했었다는 점을 분명히 밝혔다. 자신들은 계약에 따라 제너럴 셔먼호에 물건을 선적하고 호가스 등 메도우즈사 직원을 동승시켰는데, 10월 8일 즈푸항의 프랑스 함대로부터 제너럴 셔먼호가 조선에서 침몰했다는 소식을 확인했다는 것이었다. 따라서 메도우즈사는 미국 정부에게 제너럴 셔먼호 사건의 구체적인 조사를 요청하였다.

　메도우즈사는 언론 보도와 달리 제너럴 셔먼호가 조선에서 서울이 아닌 평양을 향해 갔으며, 이 과정에서 조선 국왕이 배와 승선 인원을 함께 불태웠다고 밝혔다. 이와 관련된 구체적인 사실 관계는 10월 20일 조선에서 돌아온 중국 무역상으로부터 얻은 것이었다. 중국 무역상은 조선에서 제너럴 셔먼호를 만났는데, 제너럴 셔먼호가 대동강을 따라 평양을 향해 올라갔다고 알렸다. 이와 함께 중국 무역상은 조선 국왕이 대외 무역을 금지하고 있다는 사실을 함께 전하였다. 미국 정부 입장에서는 자국 선박이 조선에서 행방불명된 것도 문제였지만, 조선 정부에 의해 침몰된 것이라면 조선이 미국에 대해 적대적이라는 측면에서 심각한 문제가 될 수 있었다.

　메도우즈사는 제너럴 셔먼호가 조선을 방문한 목적이 무역이라는 측면에서 조선 국왕이 제너럴 셔먼호와 그 승선 인원을 불태운 것은 정당하지 않다고 주장하였다. 메도우즈사는 이러한 주장을 중국 주재 미 영사를 통해 미 정부에 알렸다. 미국 정부가 중국에 주둔 중인 미국 함대를 동원하여 미국 선적이 조선에서 침몰하고 그 승선 인원이 살해당한 것에 대해서 보다 구체적으로 조사하여 조선 정부가 이를 시정할 수 있도록 조치해야 한다고 요청하였다.

언론 보도와 매도우즈사의 요청 등에 따라 우선 미국은 청에 관련 내용의 확인을 요구하였다. 왜냐하면 당시 청은 조선의 종주국으로서 조선에 대한 책임과 사법권을 갖고 있는 것으로 알려져 있기 때문이었다. 그러나 미국의 요청을 받은 청은 조선의 내치에는 자신들이 관여하지 않는다는 입장을 분명히 하였다. 특히 미국이 제너럴 셔먼호와 관련해 청에 요구하고 있는 사법권 행사는 조선의 내치이기 때문에 청의 관할 밖이라고 답변하였다. 결국 미국 정부는 제너럴 셔먼호 사건의 자체적인 조사가 필요하다고 판단하고, 사건 조사를 중국에 있는 미국 함대 (아시아 함대)에 지시하였다.

11월 27일 중국 주재 미 공사 벌링게임(Anson Burlingame)은 미 아시아 함대 사령관 벨(Henry Haywood Bell) 제독에게 제너럴 셔먼호 사건의 진상 조사를 요청하였다. 이에 따라 미 아시아 함대는 예하 군함 중 와추셋호(USS Wachusett)를 조선에 파견하였다. 12월 27일 벨 제독은 와추셋호의 선장 슈펠트에게 '미국 스쿠너

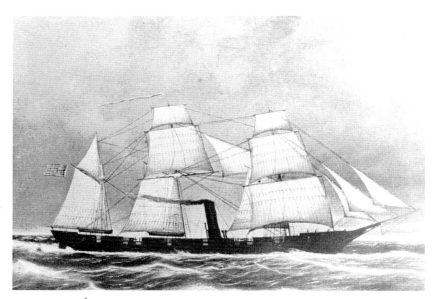

▲ USS Wachusett[3]

선 제너럴 셔먼호 사건과 선원들의 생존에 대한 진상을 탐문'[4] 하도록 지시하였다. 이어 31일에는 수로 안내인 1명과 통역관 1명을 대동해 평양까지 올라가서, 제너럴 셔먼호의 생존자가 있을 경우 구출할 것을 지시하였다.[5]

슈펠트 함장은 우선 병인양요 당시 원정에 참가하였던 프랑

3   U. S. Navy Photograph NH78212, Photographic Section, Naval History and Heritage Command.

4   Shufeldt Letters, H. H. Bell to R. W. Shufeldt, U. S., Flagship, "Hartford", Hong Kong, China, December 27, 1866.

5   Shufeldt Letters, Orders from H. H. Bell to R. W. Shufeldt, U. S., Flagship, "Hartford", Hong Kong, China, December 27, 1866.

스 해군의 보쉐(Ernest Louis Joachim Bochet) 함장을 만났다.[6] 이때 보쉐는 조선인의 생활이 매우 열악하여 통상의 대상이 되기 어렵다고 진술하였다. 슈펠트 함장은 이어 뉴좡(牛莊) 주재 미국 영사 나이트(F. P. Knight)를 만났다. 나이트 영사는 제너럴 셔먼호의 선주 프레스턴이 메도우즈사와 용선 계약을 체결했을 때 대동강을 탐사하고 싶다는 의사를 밝혔다고 알려주었다.[7] 이와 함께 슈펠트 함장은 제너럴 셔먼호의 선주 프레스턴 등이 조선에서 난파되었다가 육로를 통해 중국으로 돌아온 서프라이즈호의 메케슬린 선장과 선원들을 만났으며, 프레스턴이 그에게 중무장을 하고 조선으로 향하겠다고 이야기했다는 사실을 확인할 수 있었다.[8]

슈펠트가 보기에 서프라이즈호의 사례는 제너럴 셔먼호와 매우 대조적이었다. 서프라이즈호 역시 조선 서해안에서 난파되었지만, 선원 모두가 구출되어 무사히 중국까지 올 수 있었기

---

6 Library of Congress, Microfilms, Roll 28299, Shufeldt's Letter Book, July 23, 1865~1868(This Document is hereafter cited as Shufeldt's Letter Book), (No. 37) "Unofficial", R. W. Shufeldt to Rear Admiral H. H. Bell, Shanghai, January 8, 1867.

7 Library of Congress, Microfilms, Roll 28299, Shufeldt's Letter Book, July 23, 1865~1868(This Document is hereafter cited as Shufeldt's Letter Book), (No. 37) "Unofficial", R. W. Shufeldt to Rear Admiral H. H. Bell, Shanghai, January 8, 1867.

8 Library of Congress, Microfilms, Roll 28299, Shufeldt's Letter Book, July 23, 1865~1868(This Document is hereafter cited as Shufeldt's Letter Book), (No. 37) "Unofficial", R. W. Shufeldt to Rear Admiral H. H. Bell, Shanghai, January 8, 1867.

때문이다. 슈펠트는 서프라이즈호는 조선인에 의해 구조되고, 제너럴 셔먼호는 학살당한 이유에 대해서 의문을 가질 수밖에 없었다. 이러한 의문을 해소하기 위해서는 제너럴 셔먼호 사건의 진상을 보다 구체적으로 조사할 필요가 있었다.

슈펠트 함장은 영국의 자딘 매시선사(Jardine Matheson)로부터 강화해협 지도를 입수하였다.[9] 1월에는 조선에서 선교 활동을 하다가 박해를 피해 중국으로 건너온 리델 신부 등을 만났다. 슈펠트는 리델 신부 등에게서 제너럴 셔먼호 선원에 대한 소식을 들을 수 있었고, 결정적으로 대동강이 겨울에는 결빙되기 때문에 활용이 어렵다는 것을 확인하였다.[10]

슈펠트는 제너럴 셔먼호가 머물렀던 즈푸항에서 탐문 조사를 계속 이어갔다. 그 결과 80톤급 상선인 제너럴 셔먼호는 서프라이즈호 선장 메케슬린의 이야기처럼 12파운드 포를 2문 적재하고, 선원 역시 무장했다는 것을 확인하였다. 그런데 이곳에서 제너럴 셔먼호 사건에 대한 전혀 다른 이야기를 들을 수 있었다. 당시 조선의 서해안 일대에서 노략질이 심했고, 특히 제

---

9 Library of Congress, Microfilms, Roll 28299, Shufeldt's Letter Book, July 23, 1865~1868(This Document is hereafter cited as Shufeldt's Letter Book), (No. 37) "Unofficial", R. W. Shufeldt to Rear Admiral H. H. Bell, Shanghai, January 8, 1867.

10 Shufeldt Letter, U. S. Wachusett, Shanghai, China, January 9, 1867 ; Shufeldt's Interview with Father Ridel and Corean, Shanghai, China, January 9, 1867 ; Bell to Shufeldt, U. S. Flagship Hartford, Hong Kong, China, January 15, and January 16, 1867 ; 한국교회사연구소 편, 「朝佛關係資料(1846~1856)」, 『교회사연구』1, 1977.

너럴 셔먼호 사건이 발생할 무렵에는 노략질이 매우 잦았다는 것이다. 그렇기 때문에 중무장한 제너럴 셔먼호가 대동강을 거슬러 올라오자 평양 군민은 제너럴 셔먼호를 해적선이라고 단정하고 학살을 자행했다는 것이었다.[11]

탐문 조사 이후 1867년 슈펠트는 와추셋호를 이끌고 조선으로 향하였다. 와추셋호는 통역관으로 미국인 선교사 콜베트(Hunter Corbett)를, 수로 안내인으로 중국인 우문태를 데리고 1월 22일 즈푸항을[12] 떠나 1월 23일 대동강 하구에 도착하였다. 와추셋호는 우문태의 안내를 받아 대동강 하구까지 도착하였지만, 더 이상 대동강을 거슬러 올라갈 수는 없었다. 대동강이 얼어붙어 있었기 때문이었다. 와추셋호는 옹진만 일대에서 현지 주민과 접촉하여 제너럴 셔먼호 사건을 계속 조사하면서 조선 정부와 교섭을 시도하였다.

슈펠트는 1월 25일 조선 정부에 서신을 보냈다. 그는 서신의 첫머리에서 와추셋호가 미 해군 소속이며, 전쟁 혹은 불법적 사업을 위해 조선에 온 것이 아니라는 점을 분명히 하였다. 이어 조선 정부가 지난 6월 조선에 표류했던 서프라이즈호를 구조하고 무사히 중국까지 송환해준 것에 대해서 감사를 표하였다. 다

11 김원모, 「슈펠트의 탐문항행과 조선개항계획(1867)」, 『동방학지』 35, 1983, 255쪽.
12 Shufeldt's Letter book, (No. 42), R. W. Shufeldt to Real Admiral H. H. Bell, U.S. Wachusett, Chefoo, China, January 19, 1867 ; Shufeldt's Letter book, (No. 50), R. W. Shufeldt to Real Admiral H. H. Bell, U.S. Wachusett, At Sea, February 3, 1867.

만 지난 9월 대동강에서 또 다른 미국 국적의 선박이 난파되어 불탔으며, 선원이 살해당했다는 소식에 충격과 놀라움을 감추지 못하고 있다고 밝혔다. 따라서 미 아시아 함대 사령관이 진상 조사를 위해 자신들을 파견하였으며, 만약 그 소식이 사실이라면 미국 선박의 선원이 살해당한 경위에 대해 조선 정부가 해명해야 할 것이라고 언급하였다. 그리고 만일 살아남은 선원이 있다면 넘겨줄 것을 요구하였다.[13]

서신을 전달한 이후 슈펠트는 계속해서 제너럴 셔먼호 사건에 대한 탐문 조사를 이어갔다. 탐문 조사 결과 제너럴 셔먼호 선원의 인적 구성이 충돌의 원인이었을 가능성이 제기되었다. 제너럴 셔먼호의 선원 중에는 중국인이 10여 명 있었는데, 이들이 문제였다는 것이었다. 중국 선원을 태운 제너럴 셔먼호가 평양까지 올라가 약탈 행위를 자행하자, 평양 주민들이 제너럴 셔먼호를 중국 해적으로 간주하고 대응했다는 것이다.

제너럴 셔먼호와 평양 주민 간의 충돌 원인에 대한 다양한 가능성이 제기되는 가운데 조선 정부에 의한 공격 가능성은 점차 희박해졌다. 특히 주민들의 일관된 증언에 따르면 제너럴 셔먼호를 불태운 이유는 조선 정부의 명령에 의한 것이 아니었

---

13 Shufeldt's Letters, R. W. Shufeldt to His Majesty, The King of Corea, United States Steamer Wachusett, off Ta-Tong River, District of Chang Yuon, Corea, January 24, 1867 ; Diplomatic Materials, pp. 891-892. R. W. Shufeldt to His Majesty, The King of Corea, Fusan, Corea, May 4, 1880.

다.[14] 그럼에도 불구하고 조선 정부의 개입 가능성을 배제할 수는 없었다. 따라서 슈펠트 함장은 조선 정부의 서신을 기다렸다.

하지만 슈펠트의 기대에도 불구하고 별다른 성과를 얻을 수 없었다. 슈펠트는 미 아시아 함대 사령관에게 조선 정부에서 파견한 관리를 만났지만, 그가 의도적으로 교섭을 회피하고 있다고 하였다. 슈펠트가 보기에 이러한 태도는 조선인들에게서 공통적으로 나타나는 것이었다. 그는 이것이 조선 정부, 특히 현재 조선 국왕과 그의 아버지(흥선대원군)가 교섭을 금지하였기 때문이라고 보고하였다.

슈펠트는 만약 교섭이 별다른 성과 없이 끝난 이후 제너럴 셔먼호 사건이 조선인의 돌발적인 행위로 판명될 경우 평양으로 거슬러 올라가 해당 지역의 조선인에게 보복해야 한다고 제안하였다. 하지만 조선 정부의 명령에 의한 것이면 조선을 처벌해야 한다고, 즉 전쟁이 필요하다고 주장하였다. 이에 대한 방법으로 현재 조선에서 작전을 수행하고 있는 프랑스군을 이용해 조선의 남부 지방을 공격하는 것을 제안하였다. 점차 제너럴 셔먼호 사건은 조선과 미국 간의 전쟁 위기로 발전하고 있었다.

이 과정에서 제너럴 셔먼호 선원 중 4명의 생존자가 있다는 소식이 전해졌다. 슈펠트가 1867년 1월 황해도 일대를 탐문할 당시 수로 안내인으로 동행했던 중국인 행상 우문태는 목동포

---

14 Shufeldt's Letter book, (No. 43), Memoranda, U.S.S. Wachusett, Wachusett Bay, Near Mouth of Tai-tong River, Corea, January 25, 1867.

에 상륙해 김자평이라는 조선 상인을 만났다. 이때 우문태는 김자평으로부터 평양에 아직도 서양인 2명과 중국인 2명이 살아 있다는 이야기를 전해 들었다. 우문태는 이 내용을 슈펠트에게 전달하였고, 슈펠트는 제너럴 셔먼호 선원의 생존 가능성을 즈푸 주재 미국 영사인 나이트를 통해 베이징의 미국 공사에게도 보고하였다.[15]

당시 베이징에 있던 윌리엄즈 대리 공사는 1868년 3월 3일 총리아문의 공친왕을 만나 생존자 송환을 위한 협조를 요청하였다.[16] 당시 미국은 조선과 직접적으로 교류하지 않았으므로 조선의 종주국인 청에 협조를 요청한 것이었다. 그러나 청은 조선이 비록 청의 속국이지만, 내치는 자주이기에 조선 문제에 간섭할 수 없다고 밝혔다.[17] 이를 통해 청은 생존자 송환 문제에 청이 간섭할 수 없다는 점을 분명히 하였다.

결국 윌리엄즈 대리 공사는 아시아 함대 사령관에게 제너럴 셔먼호 사건의 재조사와 생존자 송환을 요청하였다. 당시 아시아 함대 사령관 로완(Stephen C. Rowan) 제독은 이 문제를 해결하기 위해서 셰넌도어호(USS Shenandoah)를 다시 조선에 파견하였다.

---

15 『국역 淸季中日韓關係史料』 2, 김형종 외 역, 동북아역사재단, 2013, 93~94쪽.

16 United States Diplomatic Correspondence, Mr. Williams to Prince Kung. Legation of the United States, Peking, March 3, 1868.

17 United States Diplomatic Correspondence, Prince Kung to Mr. Williams, March 10, 1868. ; 『국역 淸季中日韓關係史料』 2, 김형종 외 역, 동북아역사재단, 2013, 95~96쪽.

▲ USS Shenandoah[18]

로완 제독은 셰넌도어호의 함장 페비거(John C. Febiger)에게 평양에 억류된 것으로 알려진 생존자 4인을 송환하고 제너럴 셔먼호 사건에 대한 진상을 조사하도록 지시하였다.

1868년 4월 7일 셰넌도어호는 즈푸항을 출발하였다. 이때 셰넌도어호에는 통역관으로 미국인 머티어(C. W. Mateer)와 샌포드(E. T. Sanford) 등이 동행하였고, 와추셋호의 제너럴 셔먼호 조사 당시에도 동행했던 중국 상인 우문태가 이번에도 수로 안내인으로 함께하였다. 셰넌도어호는 1868년 4월 10일(음력 3월 18일) 황해도에 도착하였다.[19] 조선 정부에도 셰넌도어호가 평양

18 U.S. Navy Photograph NH59823, Photographic Section, Naval History and Heritage Command.

19 『고종실록』5권, 고종 5년 3월 22일, '풍천 부사 임헌영이 이양선 1척이 송우포에

을 향해 이동 중이라는 보고가 이어졌다.[20]

셰넌도어호는 조선에 도착한 이후 서해안 일대에서 무력시위를 하면서[21] 4월 12일에는 장연 오리포 인근에 정박하였다.[22] 여기서 셰넌도어호는 식량을 조달하기 위해 상륙하였고, 이때 조선인과 만났다. 이들은 조선인에게 자신들을 미국 배라고 소개하였다.[23] 셰넌도어호는 계속 이동하여 4월 17일에는 대동강 하구까지 와서 정박하였다.[24] 이 과정에서 삼화 방어사 이기조가 홍면조 등을 보내 문정을 시도하였다. 셰넌도어호에서 승선을 거부하여 홍면조는 배에 오르지는 못했지만, 셰넌도어호에서 보낸 사람을 만날 수는 있었다. 그는 셰넌도어호가 미국 군함이며, 조선에 온 이유는 2년 전 조선에서 실종된 제너럴 셔먼호 사건을 조사하기 위함이라고 밝혔다.[25]

4월 17일 황해 병사 이민상이 이양선을 문정한 결과를 보고

정박하였다고 보고하다'.

20 『고종실록』 5권, 고종 5년 3월 24일, '풍천 부사 임헌영이 이양선이 석도 앞바다를 통과하였다고 보고하다'.

21 『고종실록』 5권, 고종 5년 3월 26일, '평안 감사 박규수가 오오리의 이양선의 동정에 대해 보고하다'.

22 『고종실록』 5권, 고종 5년 3월 23일, '평안 감사 박규수가 이양선 1척이 광량진에 정박하였다고 보고하다'.

23 『고종실록』 5권, 고종 5년 3월 25일, '장련 오리포에 정박한 미국배라고 칭한 이양선에 문정하였다고 보고하다'.

24 『고종실록』 5권, 고종 5년 3월 23일, '평안 감사 박규사가 이양선 1척이 광량진에 정박하였다고 보고하다'.

25 『고종실록』 5권, 고종 5년 3월 28일, '평안 감사 박규수가 오오리도에 있는 이양선의 동정을 보고하다'.

하였다. 이때 이민상은 이들이 미국에서 온 배라고 칭하였다고 알렸다.[26] 4월 20일(음력 3월 28일) 삼화 방어사 이기조는 페비거에게 홍선대원군이 보낸 서신을 전달할 수 있었다.[27] 이기조는 제너럴 셔먼호가 미국 국적의 선박인지 몰랐다는 것을 밝히면서 제너럴 셔먼호 사건의 전모를 설명하였다. 또한 사건의 원인이 제너럴 셔먼호가 무단으로 조선에 침입하여 도발한 데 있다는 것을 분명히 하였다. 그리고 삼화에서 관련 사항에 대해서 전부 대답하겠다고 답변하였다.[28] 이에 페비거는 삼화 부사에게 조선 정부에 보내는 서신을 전달하였다.

> 1866년 8월 달에 미국 스쿠너선 제너럴 셔먼호가 교역을 목적으로 대동강으로 항행한 일이 있습니다. 그런데 지금까지 이 배는 돌아오지 않고 있는데, 듣자하니 선원들은 폭도(mob violence)에 의해 학살되었고, 선체는 불타서 파괴되었다고 합니다. 약 1년 전 우리 정부(미국)의 함정(와추셋호)이 이 사건을 탐문하기 위해 대동강 남쪽 하구를 방문한 바 있습니다. 그러나 그때 슈펠트는 조선의 관계 당국과 교신을 하지 못했기 때문에 만족할 만한 정보를 입수하지 못하였습니다. 이 해역을 관할하고 있는 미

---

26 『고종실록』5권, 고종 5년 3월 25일, '장련 오리포에 정박한 미국배라고 칭한 이양선에 문정하였다고 보고하다'.

27 『고종실록』5권, 고종 5년 4월 3일, '삼화 방어사 이기조가 용강 현령의 치보한 내용 중 대원군의 편지를 미국배에 보내고 회답을 가지고 갔다고 보고하다'.

28 Febiger Letter, "B". San Hoa, District Magistrate, Le to the Honorable American. Mou Chin, Third Month, Twenth-fifth.

해군사령관이 입수한 최근의 정보에 의하면 제너럴 셔먼 호 선원 중 생존자가 조선에 포로로 억류되어 있다고 합니다. 그래서 본인은 아시아 함대 사령관의 명을 받고, 해군 함정을 이끌고 내항한 것입니다. 그러므로 생존 선원이 억류되어 있다면 선원 모두를 본인의 함정으로 인도해주시기 바랍니다. 아울러 본인과 이 문제를 해결하기 위하여 귀국 정부도 전권특사를 임명하여 파견해주시기를 간망합니다.[29]

조선 측에서는 페비거에게 와추셋호 탐문 조사 당시 미처 전달하지 못한 회신을 전달하였다.[30] 조선 정부의 회신과 삼화부사의 설명에도 불구하고 셰넌도어호는 계속해서 평양으로 올라가려고 시도하였다. 특히 4월 21일에는 단정을 이용해 진남포 상류까지 수심을 탐침하였다. 그러자 조선 측 포대에서 위협사격을 하였고, 단정은 셰넌도어호로 복귀하였다.[31] 조선은 대동강 상류 쪽으로 거슬러 올라가는 것에 대해서는 불허하겠다고 분명히 밝혔다. 반면 미국 측은 김자평의 진술 등을 들어

29 Febiger Letter, Dispatch No. 1. Commander John C. Febiger to His Majesty, The King of Corea. U. S. Steamer Shenandoah, Ping Yang River, Corea, April 19, 1868. 번역은 김원모(「페비거의 탐문항행과 미국의 대한포함외교」, 『사학지』 16, 1982, 274쪽)를 인용하였다.

30 김원모, 「페비거의 탐문항행과 미국의 대한포함외교」, 『사학지』 16, 1982, 274~275쪽.

31 Febiger Letter, "D". Lieut. Commander C. S. Cotton to Commander J. C. Febiger, U. S. Steamer Shenandoah, 25 miles up the Ping Yang River, Corea, April 21, 1868.

탐측 활동을 계속하겠다고 주장하면서,[32] 조선군의 포격 행위를 비난하였다.[33] 이에 조선에서는 우문대가 만났다는 김자평과 대질 심문을 통해 생존자가 없다는 점을 확인시켜주었다.[34] 조선군의 포격에 대해서는 출입이 금지되어 있는 수로를 미국 군함이 항행했기 때문에 이를 저지하기 위함이었다고 밝혔다.[35]

페비거는 제너럴 셔먼호 사건 조사 및 생존자 송환을 위해 교섭을 계속 진행하다가 결국 단념하였다. 페비거가 탐문 조사를 단념한 것은 우선 조사 활동이 조선과의 전쟁으로 확대될 수 있기 때문이었다. 미국 측은 대동강 항해가 불법적이지 않다고 주장하였지만, 조선 측에서 이를 불법으로 규정하고 군사 대응까지 불사하고 있는 상황에서 자칫 대동강 항해를 강행할 경우 정면 충돌로 이어질 수 있었다. 두 번째로 생존자 송환과 관련된 탐문 조사 및 김자평과의 대질 심문 결과를 통해 우문태가 전한 김자평의 진술이 불분명하다는 점이 드러났기 때문이었다. 페비거는 이를 근거로 5월 18일 즈푸로 복귀하였다.

페비거는 이와 관련하여 다음과 같이 보고하였다.

---

32 Febiger Letter, "E". J. C. Febiger to the District Magistrate of Lung Ching, U.S. Steamer Shenandoah, Ping Yang River, Corea, April 21, 1868.

33 Febiger Letter, "F". J. C. Febiger to the District Magistrate of Lung Ching, U.S. Steamer Shenandoah, Ping Yang River, Corea, April 23, 1868.

34 Febiger Letter, "J". U.S.S. Shenandoah, Off the mouth of the Ping Yang River, Corea, May 4, 1868.

35 Febiger Letter, "I". Communication from the Corean Government in reply to a dispatch sent from the Board of Rites at Pekin ; "K" The Intendant of the Ping An District to Captain Febiger, May 2, 1868.

본인이 지금까지 입수한 정보를 종합해 보면 제너럴 셔 면호의 선원 중 생존자는 한 사람도 없다고 본다. 스쿠너 선 제너럴 셔먼호를 불태우고 파괴하도록 유도했다고 한 조선 당국의 진술은 사실과 다르며 있을 수 없는 주장이 다. 왜냐하면 통상교역을 목적으로 조선에 간 60톤급의 스쿠너선이 조선 선박을 파괴, 약탈하고 조선 선원을 살 해해 가면서 대동강을 거슬러 올라갈 수 없기 때문이다. 다만 제너럴 셔먼호의 선원은 그들 자신의 신변 보호를 위해 문제의 조선 관리를 납치 억류한 것이며, 이로 인해 제너럴 셔먼호가 먼저 조선군으로부터 공격을 받았을 뿐 이고, 제너럴 셔먼호는 이에 대해 보복적 반격을 가했을 가능성이 없지 않다.

조선 수군의 우리 함정에 대한 포격행위는 정당한 이유 가 못 되며, 그들은 포격하겠다는 그들의 의사를 사전에 통고하지 아니했기 때문에 우리는 대동강을 항행하고자 한 것인데, 그들은 이러한 불법적인 포격 행위에 대해 아 무런 보상도 없었다. 우리는 이번 탐문 항행 중 평양 대동 강에 대한 탐측 임무를 훌륭하게 수행하고, 오늘 즈푸로 복귀하였다.[36]

미국은 이러한 보고를 토대로 제너럴 셔먼호 사건에 대한 대략적인 전모를 확인할 수 있었다. 문제는 이것으로 조선 문제

---

36 Febiger Letters, U.S. Steamer Shenandoah, Cheefoo, China, May 19, 1868.
John C. Febiger to Rear Admiral Stephen C. Rowan, Commanding U.S.
Asiatic Station, U.S. Flag Ship Piscataqua.

를 종결할 수 없다는 점에 있었다. 왜냐하면 조선 문제는 미국 내부의 상황뿐 아니라 미국의 대외 정책 등 경제적, 정치적 문제와도 결부되어 있기 때문이었다.

1868년에도 미국의 국내외 혼란은 계속되었다.
또한 앤드루 존슨 대통령의 주요 정책이 의회와 충돌하면서
정치적으로 심각한 혼란이 초래되었다. 이 과정에서 앤드루 존슨 대통령 탄핵안이
미 하원을 통과하면서 미 행정부는 사실상 레임덕 상태에 빠졌다.
앤드루 존슨 대통령이 의회와 정책적으로 충돌하면서
당시 전쟁장관이었던 에드윈 M. 스탠턴을 해임한 것이
미 하원에서 대통령 탄핵안이 통과되는 결정적 계기가 되었다.

4장

미국의 국내외 상황

1866년 제너럴 셔먼호 사건이 일어나던 당시 미국의
정치적 상황은 상당히 불안정하였다. 링컨 대통령 암살과 남북
전쟁 이후 재건 등 각종 국내 문제가 산적해 있었기 때문이었
다. 링컨 대통령은 1861년 시작된 남북전쟁을 이끌었고, 1864년
재선에 성공하여 계속 임기를 이어가고 있었다. 하지만 그는 미
국 남북전쟁이 끝나가던 무렵인 1865년 4월 14일 남부 지지자
에게 암살당하였다.[1]

그 후 대통령직을 승계한 앤드루 존슨은 전후 재건 정책에
집중하였다. 미국 남북전쟁은 북부의 승리로 끝났지만, 링컨 대
통령의 암살 사건에서 보여지듯 남북 간의 갈등은 여전히 남아
있었다.[2] 이 때문에 남북전쟁 이후 재건 정책의 핵심은 독립을
선언했던 남부 주의 연방 복귀와 이를 통한 미 연방의 평화 회
복, 파괴된 남부 주의 경제적 복구 그리고 링컨 대통령이 선언
한 노예 해방과 이후 이들의 지위와 권리에 대한 문제 등이었

---

1   Stephen B. Oates, *Abraham Lincoln: The Man Behind the Myths* (New York:
New American Library, 1984), pp. 157-162.

2   Walter L. Fleming, ed., *Documentary History of Reconstruction* (New York:
A. H. Clock Co., 1906), pp. 118-123.

▲ 미국 남북전쟁 이후 복구 삽화[3]

다. 이 중 앤드루 존슨 대통령이 가장 집중한 것은 연방에서 탈퇴한 남부 주의 연방 복귀였다.[4] 이것만으로도 정치적으로 많은 문제를 야기했고, 이 때문에 앤드루 존슨 대통령은 미국 내에 산적한 많은 난관을 극복해야만 하였다.

그러나 1866년 미국 정부가 직면한 문제는 비단 전후 재건 문제만이 아니었다. 대외적으로도 여러 가지 문제가 불거지고 있었다. 가장 시급히 해결해야 하는 문제는 멕시코 상황이었다.

---

3   Joseph E. Baker(1865), Libary of Congress.
4   양재열, 「미국 남북전쟁 후의 재건에 대한 에이브러햄 링컨 대통령과 앤드류 존슨 대통령의 정책 비교」, 『세계 역사와 문화 연구』 42, 2017, 116쪽.

▲ 먼로주의(Keep off! The Monroe Doctrine must be respected)[5]

당시 멕시코는 프랑스의 영향력 아래에 있었다. 미국의 입장에서 멕시코가 계속 프랑스의 지배하에 있을 경우 유럽 제국이 북미 대륙, 특히 미국으로 진출하는 중요한 교두보가 될 수 있었다. 이것은 미국의 안보에 심각한 위협이었다. 이 때문에 미국 정부는 남북전쟁이 마무리될 무렵부터는 프랑스의 멕시코 간섭에 대해 공식적으로 반대하기 시작하였다.[6] 심지어 군사적 개입을 선언하고 멕시코 문제에 적극적으로 개입하기도 하였다.

미국의 멕시코 개입은 이른바 '먼로 선언'을 기반으로 하였

5 Library of Congress.

6 William R. Manning, James Morton Callahan, John H. Latané, Philip Brown, James L. Slayden, Joseph Wheless, James Brown Scott, "Statements, Interpretations, and Applications of the Monroe Doctrine and of More or Less Allied Doctrines", in *American Society of International Law, vol. 8*, 1914, p. 101.

다. 당시 미국은 일종의 고립주의를 외교 방침으로 내세우고 있었다.[7] 먼로 선언은 이러한 고립주의를 구체화한 것이라고 할 수 있었다. 1823년 12월 2일 제임스 먼로(James Monroe) 대통령은 미의회에 제출한 연두교서에서 미국의 대외 방침을 구체적으로 제시하였다. 먼로 대통령이 제시한 방침의 주요 내용은 유럽 제국과 아메리카 대륙 간의 상호 불간섭이었다. 이것은 일종의 외교적 고립 정책을 의미하였다. 미국은 유럽 대륙의 상황에 간섭하지 않으며, 유럽도 아메리카 문제에 간섭하지 말라는 것이 주요 내용이었다. 아울러 유럽 제국이 아메리카 대륙에 식민지를 건설하는 것 역시 배격한다는 내용을 포함하고 있었다.

이러한 미국의 외교적 고립 및 배척 정책은 동맹으로 인해 발생할 수 있는 외교 마찰을 미연에 방지한다는 측면에서 중요한 의미가 있었다. 특히 미국은 유럽의 아메리카 식민지 건설이 자국 안보와 직결된다고 인식하여 배척하였다.[8] 이는 나폴레옹 전쟁 직후 유럽 제국이 아메리카의 식민지를 회복할 의도가 있다고 발표했기 때문이다.[9] 이 경우 미국이 추진하던 영토 확장 정책과 유럽 제국의 식민지 정책이 충돌할 가능성이 있었

---

7   Thomas G. Paterson, J. Garry Clifford, Kenneth J. Hagan, *American Foreign Policy : a History* (Lexington, Mass. : D.C. Heath and Co., 1995), p. 94.

8   John Quincy Adams to John Adams (January 5, 1794), writings of John Quincy Adams, ed. Worthington Chauncey Ford (New York : Macmillan, 1913), p. 176.

9   John Quincy Adams to John Thorntom Kirkland (November 30, 1815), writings of John Quincy Adams, ed. Worthington Chauncey Ford (New York : Macmillan, 1913), p. 431.

▲ 프랑스의 멕시코 원정[10]

다. 멕시코 문제 역시 마찬가지였다.

1850년대 멕시코는 유럽과 미국 등의 지원을 받는 정당 간의 내전으로 막대한 채무가 발생한 상태였다. 결국 1861년 10월 프랑스, 영국, 스페인은 멕시코의 부채 상환을 목적으로 런던에서 협약을 체결하고 군사적 행동까지 취하게 되었다. 당시 미국은 먼로 선언에도 불구하고 이러한 유럽의 움직임에 대응하기 어려운 상황이었다. 남부 주의 독립과 그로 인한 내전으로 대외적 상황에 대응할 수 있는 여력이 없었기 때문이다.

결국 프랑스, 영국, 스페인은 연합 함대를 구성해 1861년 12월 멕시코의 베라크루스에 도착하였다. 연합군은 상륙하여 멕시코의 주요 도시를 점령하고, 멕시코 정부를 상대로 부채 상환을 강요하였다. 이에 멕시코 정부는 당시 연합군 사령관이었던

---

10 L'Illustration 1862 gravure: Expédition de Mexique, la flotte française sous le commandement du contre-amiral Jurien de la Gravière. Wikimedia Commons.

▲ 앤드루 존슨 미 대통령의 탄핵[11]

스페인의 후안 프림 장군에게 멕시코의 재정 상태를 설명하고
부채의 유예를 요청하였다. 영국과 스페인은 멕시코의 부채 상
환에 대한 확약을 받고 1862년 4월 군대를 철수하였다. 반면 프
랑스는 멕시코 정부의 확약만으로는 부족하다고 주장하면서
계속해서 멕시코에 군대를 잔류시켰다.

이후 프랑스는 멕시코에 병력을 계속 증원하는 한편 주요 도
시를 점령하기 시작하였다. 결국 1863년 6월 프랑스군은 멕시코
시티를 점령하고 임시 정권을 수립하였다. 프랑스군이 1863년
말까지 아카풀코를 비롯해 주요 저항 거점을 점령하면서 멕시
코는 사실상 프랑스의 지배하에 들어왔다. 프랑스 황제 나폴레

---

11 *Harper's Weekly*, April 11, 1868, 'The Senate as a Court of Impeachment for
   the Trial of President Andrew Johnson.' Wikimedia Commons.

옹 3세는 오스트리아 대공 막시밀리안을 황제로 내세웠고, 막시밀리안은 꼭두각시 군주로 즉위하였다.

하지만 이후 멕시코에서는 반군의 저항이 계속 이어졌다. 반군은 주로 미국의 지원을 받고 있었다. 당시 미국은 남북전쟁 때문에 대외적으로는 중립을 표방했지만, 비공식적으로 멕시코 반군을 지원하고 있었다. 점차 미국 남북전쟁에서 북군의 승리가 분명해지면서 1864년 4월 미 국무장관 시워드는 멕시코의 군주제 시행에 대해 반대 의사를 표명하였다.[12] 특히 이러한 군주제 시행이 미국의 공화제 유지에 영향을 줄 수 있다는 측면에서 미국 정책에 부합하지 않는다고 주장하였다.

남북전쟁이 끝나갈 무렵 멕시코 반군 세력은 미국에서 채권을 판매해 군자금을 모금하고, 이를 통해 대규모 무기와 보급품 등을 조달하였다.[13] 이와 함께 미국은 프랑스가 멕시코에서 철수하지 않을 경우 1867년 이후에는 자신들도 공개적으로 군사 행동에 나설 것이라고 위협하였다.[14] 미국과 프랑스 간의 군

---

12 William R. Manning, James Morton Callahan, John H. Latané, Philip Brown, James L. Slayden, Joseph Wheless, James Brown Scott, "Statements, Interpretations, and Applications of the Monroe Doctrine and of More or Less Allied Doctrines" in *American Society of International Law, vol. 8,* 1914, p. 101.

13 John Mason Hart, *Empire and Revolution: The Americans in Mexico Since the Civil War* (Berkeley and Los Angeles: University of California Press, 2002), pp. 15-17.

14 McPherson, Edward *The Political History of the United States of America During the Great Rebellion: From November 6, 1860, to July 4, 1864;*

사적 충돌 위기는 결국 프랑스가 멕시코에서 철군하기로 결정하면서 일단 해소 국면에 접어들었다.[15] 하지만 이러한 군사적 위기는 프랑스군의 철군이 완료되기 전까지 계속 이어지면서 1867년까지 미국의 가장 시급한 대외 문제로 남아 있었다.

1868년에도 미국의 국내외 혼란은 계속되었다. 또한 앤드루 존슨 대통령의 주요 정책이 의회와 충돌하면서 정치적으로 심각한 혼란이 초래되었다. 이 과정에서 앤드루 존슨 대통령 탄핵안이 미 하원을 통과하면서 미 행정부는 사실상 레임덕 상태에 빠졌다. 앤드루 존슨 대통령이 의회와 정책적으로 충돌하면서 당시 전쟁장관이었던 에드윈 M. 스탠턴을 해임한 것이 미 하원에서 대통령 탄핵안이 통과되는 결정적 계기가 되었다.

의회는 앤드루 존슨 대통령의 전쟁장관 해임 조치가 각료의 임기를 보장하는 법률을 위반한 것이라고 반발하였다. 반면 앤드루 존슨 대통령은 임기법이 비헌법적 조치라고 주장하면서 의회에 맞섰다. 결국 미 하원은 앤드루 존슨 대통령의 조치에 대해 토론에 들어갔고, 앤드루 존슨 대통령의 조치가 임기법을

Including a Classified Summary of the Legislation of the Second Session of the Thirty-sixth Congress, the Three Sessions of the Thirty-seventh Congress, the First Session of the Thirty-eighth Congress, with the Votes Thereon, and the Important Executive, Judicial, and Politico-military Facts of that Eventful Period; Together with the Organization, Legislation, and General Proceedings of the Rebel Administration (Washington : Philip & Solomons, 1864), p. 349.

15 Rene Chartrand, *The Mexican Adventure 1861-67* (July 28, 1994), p. 4.

위반한 것이라고 결론지었다. 이를 근거로 미 하원은 앤드루 존슨 대통령을 탄핵하였다.

상원에서는 앤드루 존슨 대통령에 대한 탄핵안을 놓고 3개월 가까이 논의를 지속하였다. 결국 앤드루 존슨 대통령의 탄핵 심판은 상원에서 유죄 35, 무죄 19로 3분의 2를 충족하지 못해 부결되었다. 이 결정으로 앤드루 존슨 대통령은 지위를 회복했지만, 정치적 영향력에 심각한 타격을 입었다. 민주당은 차기 대통령 후보로 뉴욕 주지사였던 호레이쇼 시무어를 선출하였다.

여기에 중남미의 불안이 극대화되고 있었다. 특히 파라과이, 브라질, 아르헨티나 등지에서 전쟁이 계속되었고, 그 외에도 각국의 정치적 불안 상태가 이어졌다. 심지어 8월 13일에는 페루와 칠레 북부에서 진도 8.5~9.0의 지진이 일어나면서 에콰도르, 볼리비아 등 인접한 국가에 심각한 피해를 끼쳤다. 이 지진은 태평양 전역에 쓰나미를 일으켰고, 일본까지 영향을 끼쳤다. 이러한 불안은 자칫 미국으로 확대될 가능성이 있었다. 따라서 미국은 남대서양 함대를 파견하는 등 아메리카 대륙 문제에 집중하고 있는 상황이었다. 이처럼 미국은 아시아로 영향력을 확대하기 어려운 상황이었다.

1869년 그랜트가 대통령에 취임한 이후에도 상황은 마찬가지였다. 그랜트 대통령은 취임 직후 연두교서에서 대외 팽창정책을 적극적으로 추진하겠다고 밝혔다. 하지만 이를 뒷받침할 수 있는 여력은 충분하지 못하였다. 미 정부는 남북전쟁 이후 전후 복구에 집중하면서 군사비를 대폭 감축한 상태였으며, 미해군 역시 전력을 대폭 축소한 상태였다.

1867년 미 해군은 278척의 군함과 2,351문의 함포로 무장하고 있었다. 복무 중인 미 해군은 총 13,600명이었다. 미군은 이를 7개 함대로 나누어 전 세계에 배치하였다. 하지만 1868년 미해군의 군함은 총 206척으로 줄어들었고, 여기에 1,743문의 함포를 탑재하고 있었다. 심지어 실제 운용 중인 군함은 81척에 불과했다. 결정적으로 복무 중인 해군이 견습생을 포함해 8,500명으로 줄어든 상태였다. 함대 역시 6개로 축소되었다.

그랜트 대통령은 취임 직후 연두교서에서 미 해군 전력을 증강하기 위해 우선 군함을 최신식 증기선으로 교체한다고 밝혔지만, 사실상 이를 제대로 추진할 수 있는 상황이 아니었다. 해군 전력을 증강하기 위해서는 막대한 예산이 필요했는데, 당시 미 정부는 오히려 매년 해군 예산을 감축하였기 때문이다. 여기에 해군 예산의 상당 부분은 기존 함정을 유지 보수하는 데 쓰이고 있었다. 이러한 상황은 1871년까지 계속되었다.

P SHOWING THE POSITION OF THE COREAN
FORTS.

king party was met by a discharge of mus-
ry from the ramparts, and the next instant
climbing over the parapet. A brief hand-
and conflict took place, when the yellow ban-
of the Coreans was drawn down and the
s and stripes waved in its place. The am-
nition of the Coreans had become exhausted;
chanting a death-song, which resounded high
ve the din of the combat, they met our bul-
with stones, our revolvers with clubs, and
a desperate courage fought until conquered.
men never flinched, but fought nobly, and
the day. Lieutenant M'KEE and three
iers met death at this place. Our artist has

yielded no confidence. Gradually it fell
him, as from his own choice, to attend the
and to perform all the jobs that the boldest
times shrank from as dangerous, thou
showed no sign of fear, and evinced no d
of his exceptional employment. I watche
often as he busied himself about the beast
had to admire in this common-looking ar
cultivated man the unconscious coolnes
courage with which he accomplished his
appropriated tasks. At length my curiosit
cerning him was sufficiently excited to cau
to ask Mr. Kingsley, the proprietor of th
nagerie, if he knew any thing more of him
what appeared on his every-day surface.

Mr. Kingsley hesitated a moment befc
answered, and then slowly said: " I am x
sorry you questioned me about Quiet Bill—
what the men call him, you know—for n
else has cared to guess that there may be
connected with him than just the busine
seems to belong to; and of all the folks i
caravansary he and I are the only ones
know what he was before he came here; a
I tell you, it is just because you see the m
man for a' that, and because I know you'll
the secret. I don't suppose you rememb
the papers are so full of murders nowadays
that was committed five years ago in the
country town of C——. Not a cold-bl
atrocity, though, but the result of jealousy,
ocation, and liquor, and not altogether un
fiable, either. Bill was the chap that did it
only escaped hanging through having a
lawyer, and got off in about the same way
' not proven' sets a man free after a S
trial. But the people where he lived would
nothing to do with him; and he staid as
them like an outlaw, for he had neither
money nor chance to go away, and could sca
get a stroke of work that would earn his
bread. I was head of a small circus then—
such a stunning concern as this on hand
and when we put up the tent for a single d
C—— this Bill watched an opportunity t
hold of me alone, and when no one else
notice him, and told me his whole story, beg
me to give him something to do to keep
from starving and suicide; and he had su
hunted-down and woe-begone look that I cou
help pitying the poor fellow; and though I w
very able to take on another soul just then, I
him what change I could spare, and bade
slip off to the next place and join us ther
that the rest of my men shouldn't know
thing about his history, and chaff him abou
past—for they are a rough lot sometimes

서양의 장기가 수전과 대포에 있다는 점,
그리고 이에 대한 방어책이 지구전이라는 정보는
이후 조선의 군비 강화 정책에 많은 영향을 주었다.
특히 흥선대원군 집권 과정에서 군사 개혁을 주도하였던 신헌은
청에서 입수한 정보를 토대로 산성을 중심으로 방어하면서
지구전을 전개한다는 전략을 세웠다.
이것은 병인양요 이후 민보를 설치하자는 주장으로 이어졌다.

5장

―

병인양요 이후 조선의 군사 전략 변화

우리 역사에서 강화도는 단순한 섬이 아니었다. 일찍부터 강화도는 지리적으로 매우 주목받는 지역이었다. 역사적으로 살펴보면 강화도는 고려시대 몽골의 침략 당시 고려가 수도 개성을 상실한 상황에서도 항쟁을 이어갈 수 있는 발판이 되었다. 고려가 몽골의 침략을 피해 강화도로 천도할 수 있었던 것은 이곳이 수도 개성의 배후지였으며, 바다로 둘러싸인 섬이었기 때문이다. 이러한 강화도의 지리적 상황은 이 지역의 방위가 수도의 안위와 밀접한 관계가 있다는 것을 의미하였다.

강도(江都)야말로 국도(國都)의 인후(咽喉)와 같은 곳이다. 왜적이 걱정스러워서가 아니라 천하의 사변은 끝이 없는 법이니, 혹 뜻밖의 변고가 바다에서 생기지 않을 줄 어찌 알겠는가. 이곳은 반드시 병선(兵船) 몇 척을 만들고 사공과 수부를 모두 정제하여 비상한 변고에 대비해야 한다. 그리고 반드시 곡식을 축적해야 한다. 곡식을 축적해 두어야 군사를 양성할 수 있고 방수(防守)할 수 있으니, 강화의 전세(田稅)는 상납하지 말고 그곳에 두게 하고, 하도(下道)의 전세도 적당히 덜어내어 강화에 두게 하라. 해마다 이렇게 하면 축적되는 곡식이 많을 것인데, 경중(京中)

에서 옮겨다 쓸 일이 있을 때 그곳에서 하루면 실어올 수 있을 것이니, 경창(京倉)에 둔 것과 무엇이 다르겠는가. 이 한 조목에 대해 호조(戶曹)로 하여금 헤아려 처치하게 하라. 대개 감사(監司)는 한 도의 방백(方伯)으로서 병마절도사(兵馬節度使)를 겸하니 군사를 조련하고 험조(險阻)를 설치하는 모든 일을 감사가 주관하게 된다. 따라서 반드시 마음과 힘을 다하여 극진히 조치해야만 그 효과를 기대할 수 있을 것이다. 이 계사(啓辭)를 감사에게 하유(下諭)하라. 조치를 게을리하면 감사를 책망할 것이다.[1]

강화도의 위상은 조선시대에도 그대로 이어졌다. 조선시대 강화도는 서울로 올라가는 한강의 '인후부'이자[2], '바다의 문'이었다.[3] 서울과 지방을 오가는 조운선을 비롯해 수많은 선박이 지나치는 길목에 강화도가 자리하였다. 특히 한강을 이용해 서울로 올라오기 위해서는 반드시 강화도를 거쳐야 했다. 여기에는 세 경로가 있었다.

첫 번째는 '조강수로(祖江水路)', '북부수로(北部水路)'라고 불리는 경로이다. 이 경로는 교동도 북쪽을 거쳐 강화도 북쪽의 조

1　『선조실록』167권, 선조 36년 10월 23일, '비변사가 강화와 파주 개성부의 군기를 강화할 것과 적임자를 추천하다'.

2　『선조실록』15권, 선조 14년 4월 4일, '간원이 평안·황해도의 흉년에 구황책을 논의할 것을 청하다' ;『영조실록』102권, 영조 39년 11월 29일, '약방에서 입진하고, 김한구가 강화 방수의 편의에 대한 계책을 진달하다' ;『정조실록』7권, 정조 3년 3월 8일, '통어영을 강화부에 합치는 것에 관한 심염조의 건의와 대신들의 논의, 구선복의 별단'.

3　『江都志』,「古跡」“江華府爲巨鎭在海之門”.

강으로 이어지는 경
로를 이용한 것이다.
두 번째는 강화도와
석모도 사이를 지나
는 경로이다. 세 번째
는 흔히 '염하수로(鹽
河水路)', '동부수로(東部
水路)'라고 불리는 경
로로, 강화도와 김포
사이의 염하를 지나
는 수로이다.[5]

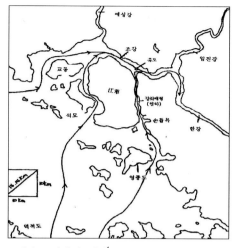

▲ 강화도 주변의 해로 상황[4]

　정조 대에는 강화도 주변 해로를 검토하였다. 이때 해서(海
西)와 관서(關西)에서 오는 배는 주로 첫 번째 경로를 이용한다고
파악하였다. 그리고 삼남 지방에서 오는 배의 경우에는 두 번째
와 세 번째 경로를 사용할 수 있는데, 세 번째 경로에는 손돌목
이라는 험로가 있어 두 번째 경로를 택할 수밖에 없다고 판단하
였다.[6]

4　이민웅, 「18세기 江華島 守備體制의 强化」, 『한국사론』 34, 1995, 지도 2 '강화도
　　주변의 해로 상황'.
5　이민웅, 「18세기 江華島 守備體制의 强化」, 『한국사론』 34, 1995, 15쪽.
6　『정조실록』 27권, 정조 13년 5월 26일, '삼도 통어사를 교동부에 두어 부사를 수
　　군 절도사로 삼고, 강화 유수의 겸관을 파하다'.

갑진(甲津)에서 제물진(濟物鎭)으로 내려와서 남쪽으로 초지(草芝)에 이르러 손석기(孫石磯. 손돌목)를 보았으며, 남쪽으로 영종도의 해구(海口)를 바라보고 서쪽으로 마니산(摩尼山) 밖을 살펴보았습니다. 대개 갑곶(甲串)에서 남쪽으로 흘러 덕진(德津)에 이르기까지는 좌우의 산자락이 서로 교차되는 탓으로 물속의 돌이 더욱 거칠고 물살도 매우 사나워 허옇게 파도치며 급하게 흐르는데 그 아래에는 왕왕 헤아릴 수 없이 깊은 연못이 있어 물살이 수레바퀴 돌듯이 빙빙 돌고 있었습니다. 이것이 이른바 손석기입니다. 신이 언덕 위에 서 있을 때 만조(滿潮)가 되어 있고 바람이 잔잔하였는데 해선(海船)들이 고기비늘처럼 죽 늘어서 오고 있었습니다. 배들이 이곳에 도착하여서는 기세를 가다듬어 키를 잡고 가운데를 따라 나아가다가 곧이어 또 키를 옆으로 꺾어 꾸불꾸불 돌면서 급류와 바위를 피하고 나서는 또 키를 똑바로 잡고 가운데를 따라 나아갔습니다. 이렇게 하기를 여러 차례 되풀이해야 하니, 또한 어려운 일입니다. 만일 역풍(逆風)을 만나면 감히 지나가지 못합니다. 처음에는 순풍(順風)을 탔다가도 바람이 갑자기 변하면 반드시 바위에 부딪쳐 부서져서 물에 빠지기 일쑤입니다. 물에 익숙한 주자(舟子)들도 오히려 이와 같은데 더구나 객선(客船)이야 말할 것이 뭐 있겠습니까?[7]

그런데 18세기 후반이 되면 조운의 경로를 염하수로로 표시

7 『정조실록』7권, 정조 3년 3월 8일, '통어영을 강화부에 합치는 것에 관한 심염조의 건의와 대신들의 논의, 구선복의 별단'.

하였다.[8] 이는 강화도 주변의 수로에 변화가 있었다는 것을 의미한다. 손돌목은 '좌우의 산자락이 서로 교차되는 탓으로 물속의 돌이 더욱 거칠고 물살도 매우 사나워 허옇게 파도치며 급하게 흐르는데 그 아래에는 왕왕 헤아릴 수 없이 깊은 연못이 있어 물살이 수레바퀴 돌듯이 빙빙 돌고 있'다고 이야기할 정도로 험로였다. 그럼에도 불구하고 조운선이 손돌목을 통과한다는 것은 이전에 안전한 수로라고 판단했던 두 번째 수로와 비교하여 유리한 점이 있기 때문이었다. 뱃길을 아는 이들에게 염하수로는 이동 거리와 시간을 단축할 수 있는 경로였다.

> 마니산 밖에 대해서는 토인(土人)의 말을 듣건대, 바닷가의 개펄이 질퍽하여 허리까지 푹푹 빠지는데 넓이가 혹 수 리가 되는 곳도 있고 혹은 4, 5리가 되는 곳도 있어 혹시 배를 정박한다고 해도 언덕으로 오를 수가 없다고 하니, 이것이 이른바 육해(陸海)인 것입니다. 장자평(丈者坪)에서 황청포(黃青浦)에 이르기까지의 3, 40리 사이는 모두 이러하였으니, 옛사람이 토성(土城)을 쌓을 적에 월곶(月串)에서 시작하여 올라가 초지(草芝)에서 중지한 것은 고견(高見)이라고 일컬을 만합니다. 이곳의 험고(險固)함이 이와 같습니다.[9]

---

8 고동환, 「18·19세기 서울 京江地域의 商業發達」, 서울대학교 박사학위논문, 1993, 부록 1 '전국 해로의 경로'.

9 『정조실록』 7권, 정조 3년 3월 8일, '통어영을 강화부에 합치는 것에 관한 심염조의 건의와 대신들의 논의, 구선복의 별단'.

수로의 험난함과 함께, 강화도를 둘러싼 갯벌은 또 다른 해자라고 할 수 있었다. 그렇기 때문에 설사 강화도에 접근한다고 해도 상륙하기는 무척 어려웠다. 이러한 갯벌이 형성된 주요인은 조수간만의 차에 있었다. 조수간만의 차이란 밀물과 썰물 때 수면의 높이 차이를 의미한다. 과거에는 밀물 때 바닷물이 한강을 역류하여 서울까지 올라갔다. 그래서 조운선 등 한강을 이용해 서울로 올라가려는 배는 조강 인근에서 기다리다가 밀물 때의 거슬러 올라가는 힘을 이용해 단숨에 올라갔다. 그만큼 조수간만의 차가 심하였다. 밀물과 썰물은 하루에 두 차례 발생하기 때문에 서울에 올라가는 배들도 자연스럽게 그 시간대에 집중되었다. 강화도 주변에서 이러한 조차는 심할 경우 7장(丈)에 이르렀다고 한다.[10]

　　물론 이러한 조차에는 계절별 차이가 있었다. 문헌에 따르면 '봄, 여름에는 조수가 성하고 석수(汐水)가 미미하되, 가을, 겨울에는 조수가 미미하고 석수가 성하다'[11]라고 하였다. 그리고 조차는 지구와 달 간의 기조력(조석력)이 원인이다. 기조력이 최대가 되는 시점은 '사리'이며, 최소가 되는 시점은 '조금'이라고 한다. 즉 그믐과 보름 때 기조력이 최대가 되고, 상현과 하현 때 기조력이 최소가 되는 것이다. 이 때문에 음력 매월 9일, 24일은

---

10 『續修增補 江都誌』. 여기서 7장의 조차는 과장된 것으로 여겨진다. 왜냐하면 7장이면 약 23.33m정도이기 때문이다.

11 『續修增補 江都誌』, 「潮流」.

'수쇠(水衰 : 조차가 크지 않은 소조)'이다.[12] 따라서 여름 사리 때 조차가 가장 크며, 겨울 조금 때 조차가 가장 작다는 것을 알 수 있다.

조선을 둘러싼 국제 정세 변화의 시작은 해안에 빈번하게 출몰하던 이양선에서 비롯되었다. 제2차 아편전쟁이 끝나고 텐진 조약이 체결되면서 청이 텐진을 비롯해 양쯔강 이북의 여러 항구를 개항한 뒤 이러한 현상은 더욱 빈번해졌다. 특히 서구 열강과 중국 간의 무역량이 증가하면서 이양선의 출몰 빈도 역시 비례하여 급증할 수밖에 없었다. 이 중 일부는 조선을 새로운 시장 또는 중간 기착지로 삼고자 교역을 요구하기도 했지만, 조선 정부는 이를 완강히 거부하였다.

조선에서는 전통적으로 배가 좌초하거나 표류하여 도움이 필요한 경우 유원지의에 따라 이들을 구조하거나 식량을 공급하는 등 도움을 주어 돌아갈 수 있도록 편의를 제공하였다. 그럼에도 불구하고 일부 서구 열강은 조선과 교역을 시도하였다. 이 과정에서 군사력을 앞세워 조선에 개항을 요구하기도 하였다. 조선 역시 군대를 동원하여 적극적으로 이를 방어하였다.

다만 뱃길이 얕은 데가 많고 바닷가의 산들이 대부분 험준하여 저들이 의심을 가지고 감히 상륙하지 못하였던 것입니다. 지금 비록 그 나라 사람들을 살해했다는 것으로 트집을 잡기는 하지만, 사실 죽여도 돌아오고 죽이지

---

12 『續修增補 江都誌』, 「潮流」.

병인양요 이전까지 조선은 지리적 특성을 활용하여 서구 세력의 침입에 충분히 대항할 수 있다고 여겼다. 지리적으로 조선의 해안은 수심이 낮아 큰 배가 접근할 수 있는 곳이 그리 많지 않았다. 또한 접근하여 상륙한다 해도 주변이 대부분 산악 지대로 둘러싸여 있어서 내륙으로 진출하기는 어려웠다. 조선 정부는 이러한 지리적 특성을 고려하여 서구 열강이 조선을 공격하는 것은 쉽지 않을 것이라고 예상하였다. 하지만 병인양요는 이러한 조선 정부의 예상을 무너뜨렸다.

1866년 9월 21일(음력 8월 13일) 영종 방어사가 관내에 이양선이 들어왔다고 보고하였다.[14] 이에 조선 정부는 통진 부사를 비롯해 경기 연해 지방의 수령이 임지에 위치할 수 있도록 조치하였다. 그런데 각지의 수령은 임무를 제대로 수행할 수 없었다. 경기 감사 유치선은 관내에 이양선이 머물고 있음에도 불구하고 영종 첨사가 정세를 탐문하지 못했다고 보고하였다.[15] 심지어 이양선이 염하와 월곶진을 지나 한강을 거슬러 올라가는 상

---

13 『고종실록』 3권, 고종 3년 8월 16일, '부호군 기정진이 이양선의 출몰과 관련하여 아뢰다'.

14 『고종실록』 3권, 고종 3년 8월 13일, '영종 방어사가 이양선 1척이 부평지경에 들어섰다고 보고하다'.

15 『고종실록』 3권, 고종 3년 8월 14일, '이양선을 제대로 규찰하지 못한 영종 첨사 심영규를 처벌하도록 하다'.

황까지 벌어졌다.[16] 사실상 이전에 조선 정부가 믿고 있던 지리적 이점이 더 이상 가치가 없다는 점을 명백히 보여주었다.

> 강화 유수(江華留守) 이인기(李寅夔)가 올린 장계(狀啓)를 보니, '월곶진 앞바다에 와서 정박하고 있던 이양선(異樣船) 2척이 갑자기 닻을 올리고 곧바로 통진(通津) 일대로 향해 갔습니다.' 하였습니다. 이양선이 근해에 출몰한 지 이미 여러 날이 되었으며 오늘은 곧바로 서울의 가까운 곳으로 들어왔습니다. 애초에 그들의 정세를 탐문하지도 못하였을 뿐 아니라 또 막지도 못하여 한결같이 그들 마음대로 날뛰게 하면서 감히 어쩌지를 못하니, 과연 변정(邊情)에 어떻게 대처하는 것입니까?[17]

조선 정부는 이양선이 한강을 거슬러 올라오기 시작하자 매우 심각한 위협을 느꼈다. 당시 통진에서 서울까지는 지척이었다. 특히 밀물을 이용하면 한나절 만에 도착할 수 있었다. 만약 이양선이 밀물 때를 이용해 서울까지 올라오면 이에 대처할 수 있는 방안이 마땅치 않았다. 그렇기 때문에 조선 정부는 역관을 내려보내 우선 이들의 의도를 파악하는 데 주력하였다.

---

16 『고종실록』 3권, 고종 3년 8월 16일, '강화 유수 이인기가 월곶진에 정박한 이양선을 막지 못하여 처분을 기다리다'.
17 『고종실록』 3권, 고종 3년 8월 16일, '역관을 보내어 월곶진에 정박한 이양선의 내막을 알아보게 하다'.

그들이 가진 끝없는 탐욕은 우리나라를 자신의 속국으로 만들고, 우리의 산하를 자신의 것으로 하고, 우리나라의 백관을 자신의 노복으로 만들며, 우리의 예쁜 소녀들을 잡아가고, 우리의 백성들을 금수와 같이 만들어 버릴 것입니다. 만일 통상의 길이 한번 트인다면 2, 3년 안에 전하의 백성으로서 서양화되지 않을 사람이 거의 없을 것입니다. 따라서 절대로 그대로 내버려둘 수 없으며 조금의 관용도 베풀어서는 안 되는 것입니다. 요즘 사치를 좋아하는 경박한 무리들은 서양 물건이라면 무엇이든 쌓아 두려 하고 서양 천으로 옷을 만들어 입는 것을 탐내는데 이것은 가장 상서롭지 못한 일입니다. 이는 해구(海寇)의 세력이 우리나라에 침투되고 있다는 조짐입니다.[18]

조선이 이양선의 접근을 두려워하는 것은 청의 전철을 밟을 수 있다는 우려 때문이었다. 특히 1860년 베이징이 서구 열강에 의해 함락되어 청 황제가 열하까지 피난을 떠난 것은 조선에게도 커다란 위기감을 주었다. 그러나 이러한 위기감은 청의 정세가 안정되면서 점차 누그러졌다. 당시 조선 정부의 상황에서는 일어나던 농민 항쟁에 대한 수습이 우선이었다.

그런데 조선이 우려하던 상황이 벌어졌다. 이양선이 한강을 거슬러 올라와 서울 지척까지 도달한 것이었다. 9월 26일(음력 8월 18일) 이양선 2척이 양화진에 다다르자, 조선 정부는 어영 중

---

18 『고종실록』3권, 고종 3년 8월 16일, '부호군 기정진이 이양선의 출몰과 관련하여 아뢰다'.

군으로 하여금 표하군을 영솔하고 훈국의 마군 2초와 보군 7초를 동원하여 즉시 대응하도록 하였다.[19]

9월 27일(음력 8월 19일) 한강을 거슬러 올라왔던 이양선 2척은 다시 강을 내려가 그 다음날에는 김포 석곡에 정박하였다.[20] 외양에 머물던 1척까지 포함해 총 3척이었던 이양선은 10월 1일(음력 8월 23일) 조선에서 떠나갔다. 이양선이 서울 지척까지 도착했다가 돌아갔는데도 문정조차 제대로 하지 못했다는 것은 매우 심각한 문제였다. 조선 정부는 이들이 무슨 목적으로 한강을 거슬러 올라왔는지조차 알 수 없었다. 조선 정부는 중국에서 보내온 자문을 근거로 이양선이 병인박해 때문에 온 것이라고 추측하였다.[21]

이달 6일 사시(巳時) 경에 이양선(異樣船) 7척 가운데서 그중 큰 배 3척은 뒤에 떨어지고 작은 배 2척은 먼저 본부의 갑곶진(甲串津) 앞바다에 올라와 머물렀는데, 그들은 종선 9척에 나누어 올라타서 일제히 육지에 올랐으며 그 인원은 5, 6백 명 정도인데 대부분 총과 칼을 가지고 산에 올라가 망을 보는 것이었습니다. 관리가 문정(問情)하

19 『고종실록』 3권, 고종 3년 8월 18일, '이양선이 양화진에 이른 것과 관련하여 훈련도감의 군사를 보내어 경계하도록 하다'.
20 『고종실록』 3권, 고종 3년 8월 20일, '훈련도감 중군 이용희가 이양선이 아직 석곡에 정박하고 있다고 하다'.
21 『고종실록』 3권, 고종 3년 8월 16일, '부호군 기정진이 이양선의 출몰과 관련하여 아뢰다'.

려고 하니 그들이 손을 내저으며 저지하였습니다. 그리고 또 2척의 배가 그 뒤를 쫓아왔습니다. 그들의 숫자가 얼마나 되는지 알 수 없으며 장차 성을 침범해 들어올 우려가 있기 때문에, 신은 남문(南門)에 나가 앉아 성을 방비할 대책을 세우고 있습니다.[22]

이처럼 9월 말에 이양선 2척이 한강까지 올라왔지만 조선 정부와 현지 관리들은 사태의 심각성을 제대로 파악하지 못하고 있었다. 강화 유수 이인기를 비롯한 현지 관리는 여전히 문정을 중심으로 대응하였다. 그해 10월 13일(음력 9월 5일) 율도 인근에 이양선 여러 척이 도착해 정박하였다.[23] 다음 날 이양선이 강화도 갑곶진에 정박하자, 조선 정부는 훈련대장 이경하 등을 파견해 대책을 강구하도록 하였다.[24] 특히 '두 돛짜리 배 4척이 일제히 닻을 올리고 각기 배 위에서 종선(從船)을 많이 내보내어 군병(軍兵)과 기계를 가득 싣고서 곧장 강화(江華) 쪽으로 향'했다고 영종첨사가 보고하였다.[25] 그러나 긴급한 상황에도 불구하고 조선 정부는 별다른 대응책을 세우지 못하고 있었다. 결국

22 『고종실록』 3권, 고종 3년 9월 7일, '강화 유수 이인기가 이양선의 정황을 보고하다'.
23 『고종실록』 3권, 고종 3년 9월 7일, '영종 첨사 심영규가 부평 경계에 나타난 이양선을 정탐한 상황을 보고하다'.
24 『고종실록』 3권, 고종 3년 9월 7일, '이양선이 갑곶진에 정박하여 훈련대장 이경하를 보내어 방어 대책을 마련하게 하다'.
25 『고종실록』 3권, 고종 3년 9월 7일, '영종 첨사 심영규가 부평 경계에 나타난 이양선을 정탐한 상황을 보고하다'.

10월 15일(음력 9월 7일) 이양선에서 내린 양이들이 강화도 동쪽 성에 돌입하였다.[26] 병인양요의 시작이었다.

병인양요 초반 조선의 관방 체계는 프랑스군의 공격에 무력화되었다. 프랑스군은 신속히 강화도를 점령함으로써 교두보를 확보할 수 있었다. 프랑스군의 전략은 강화도를 점령한 뒤 염하를 비롯해 그 인근의 재해권을 장악하여 서울로 향하는 조운을 차단하는 것이었다. 원래 조선은 이러한 상황에 대비해 강화도를 중심으로 수군과 육군을 배치하였다. 하지만 이때 조선의 관방 체계는 제대로 작동하지 않았다.

조선 후기 강화도는 보장처였다. 만약 서울이 외세의 위협에 직면한다면, 한양도성은 방어하는 데 군사적으로 한계가 있기 때문에 이에 대비하여 조선 왕실이 대피할 보장처가 필요하였다. 강화도가 그러한 역할을 하는 곳이었다. 그렇기 때문에 숙종 때는 강화도에 진무영을 설치하고, 방비를 강화하였다. 인조 대에는 경기 수사를 삼도수군통어사로 승격하고 공청과 황해의 수군을 집중하였다.[27] 그러나 병인양요 당시 강화도를 중심으로 한 수군과 육군은 프랑스군의 공격에 제대로 대응하지 못하였다.

병인양요 이후 조선 정부는 이러한 전철을 다시 밟지 않기

---

26 『고종실록』 3권, 고종 3년 9월 8일, '이양선이 강화도에 침범하였으므로 장녕전의 어진을 백련사에 임시로 모시다'.

27 신효승, 「병인 신미양요 시기 방어전략 변화와 강화도 관방시설의 구축」, 『19세기 서구열강의 침입과 강화해양관방체제』, 2018, 87쪽.

위해서 관방 체계를 대폭 변화시켰다. 이 과정에서 청으로부터 입수한 정보는 중요한 근거가 되었다. 당시 조선 내에서 폭넓은 지지를 받고 있던 것으로는 강화유생 심유경이 쓴 글이 있다. 심유경은 고종 3년 주청사였던 유후조를 수행하여 중국에 다녀왔다. 이때 심유경은 북경의 한인들과 교류하면서 필담을 나누었고, 그 내용을 흥선대원군에게 보고하였다. 이것이 당시 사람들에게 널리 퍼지게 된 것이었다.[28]

필담을 나누었던 이들은 대부분 서양과의 화의가 가져올 피해를 경고하였다. 그리고 서양인이 종교를 전파하는 목적은 간세한 무리들과 결탁해서 국내 정세를 탐지하려는 것이라고 단정하였다. 따라서 서양과의 전쟁에 앞서 이러한 국내 호응 세력을 제거해야 한다고 주장하였다. 이러한 주장은 당시 조선 정부에서 적극적으로 수용되었다.[29]

결정적으로 바다에서 조선 수군이 이양선에 대적하는 것은 사실상 의미가 없다는 점이 분명해졌다. 이런 상황에서 관방 체계 속에 수군을 포함시켜 계속 유지하는 것은 의미가 없었다. 이때 제너럴 셔먼호의 사례는 중요한 참고가 되었다. 청의 사례를 돌이켜 보아도 하천에서 이양선을 대적할 때 하천을 봉쇄하고 대응한다면 수군은 중요한 역할을 할 수 있었다. 이러한 내용은 심유경의 필담에도 그대로 반영되었다.

---

28 연갑수, 「병인양요 이후 수도권 방비의 강화」, 『서울학연구』 8, 1997, 61쪽.
29 연갑수, 「병인양요 이후 수도권 방비의 강화」, 『서울학연구』 8, 1997, 62쪽.

심유경과 필담을 나눈 이들 중에 오무림은 서양인의 장기가 육전은 아니지만 가벼이 나아가 교전하지는 말 것과 해상에서 사격하는 기술이 좋아 맞추지 못하는 것이 없으니 수전은 삼갈 것을 충고하였다. 특히 서양인이 함포를 이용해 높은 성을 파괴할 수 있다는 점까지 알려주었다. 다만 조선의 성곽이 주로 산성이므로 서양인이 쉽게 파괴하지는 못할 것으로 보았다.

이와 함께 유배분 등은 서양인의 장기가 화륜선에 있다고도 언급하였다. 군함은 상선보다 규모는 작지만 수심이 최소한 2장은 되어야 움직일 수 있으므로, 조선의 근해에 접근하기 위해서는 향인의 도움이 필수불가결하다고 하였다. 그리고 연해에 접근하는 배는 주로 소선이므로 조선에서도 이에 대항할 수 있을 것이라고 보았다. 다만 서양의 배와 직접 대항하지 말고 험애처를 이용해 지구전을 펼칠 것을 충고하였다. 왜냐하면 서양의 배가 실을 수 있는 식량이 충분하지 않기 때문이었다.[30] 조선 정부는 이러한 정보를 활용하여 수군의 활동 범위를 한강으로 한정하였다.[31]

더불어 육군을 재배치하였다. 조선 정부는 손돌목 맞은편의 덕포진에도 포대를 설치하였다. 그리고 덕진진에 있는 남장포대와 상호 연계하여 염하를 거슬러 올라가는 이양선을 막을 수 있도록 준비하였다. 이로써 조선의 전략은 염하를 봉쇄하는 형

---

30 연갑수, 「병인양요 이후 수도권 방비의 강화」, 『서울학연구』 8, 1997, 62~63쪽.
31 연갑수, 『대원군집권기 부국강병정책 연구』, 서울대학교출판부, 2001, 187~188쪽.

태로 변화하였다.

　서양의 장기가 수전과 대포에 있다는 점, 그리고 이에 대한 방어책이 지구전이라는 정보는 이후 조선의 군비 강화 정책에 많은 영향을 주었다. 특히 흥선대원군 집권 과정에서 군사 개혁을 주도하였던 신헌은 청에서 입수한 정보를 토대로 산성을 중심으로 방어하면서 지구전을 전개한다는 전략을 세웠다. 이것은 병인양요 이후 민보를 설치하자는 주장으로 이어졌다.[32]

32　박찬식, 「申櫶의 國防論」, 『역사학보』 117, 1988, 55~71쪽.

미국은 아시아 태평양에서 안정적인 무역로와 중간 기착지를 확보하기 위해
일본처럼 조선을 미국이 요구하는 국제 질서 안으로 편입시킬 필요가 있었다.
조선의 지하자원과 조선이 지금까지 미개척 시장으로 남아 있다는 점도
중요한 유인 요인으로 작용하였다.

6장
—

미국의 대조선
포함외교 배경

19세기 미국은 아시아-태평양에서 '통상 팽창정책'을 취하였다.[1] 이것은 미국이 유럽 국가의 아메리카 대륙 간섭을 막기 위해 '먼로주의'를 취한 것과는 다른 양상이었다.[2] 그 결과 1844년에는 중국과 「미청조약(望廈條約)」을 체결하였고, 1854년에는 일본과 「미일화친조약(美日和親條約)」을 맺었다. 이로써 미 서부에서 중국까지 이어지는 새로운 무역로와 시장이 형성되었다.

　　1850년대 이후 미국의 산업 구조가 변화하면서 아시아 무역은 더욱 중요해졌다. 미국의 산업 구조는 남북전쟁 이후 점차 농업 중심에서 공업 및 금융 중심으로 변화하고 있었다.[3] 이러한 미국의 산업 구조 변화로 인해 수출을 위한 새로운 시장 개척이 필요해졌다.[4] 아직 유럽 국가에 완전히 선점되지 않은 중

1　Tyler Dennett, "Seward's Far Eastern Policy", in *The American Historical Review, Vol. 28(1)*, 1922, pp. 45-62.

2　김봉주, 『카우보이들의 외교사 : 먼로주의에서 부시독트린까지 미국의 외교전략』, 푸른역사, 2006, 83~85쪽.

3　Charles A. and Mary R. Beard, *The Rise of American Civilization vol. II* (New York: The Macmillan, 1927), p. 199.

4　Walter LaFeber, *The New Empire : An Interpretation of American*

국 등 아시아 국가는 미국의 주요 개척 대상이었다. 실제로 미국의 대아시아 무역량은 해마다 급증하고 있었다. 이러한 미국의 대외 수출량 증가는 중국을 비롯한 아시아 시장의 중요성을 더욱 증대시켰다.[5] 이 과정에서 일본과 중국 사이에 위치한 조선의 중요성도 자연스럽게 부각되었다.[6]

초기 조선의 중요성은 주로 지정학적 가치에 있었다. 그렇기 때문에 주로 해상 중간 기착지 및 구조지로서 의미를 지녔다. 이러한 조선의 지정학적 가치는 과학 기술의 발달에 따른 운송 수단의 변화와도 밀접한 관련을 맺고 있었다. 당시 해상 이동 수단은 풍력을 활용한 범선에서 증기를 활용하는 증기선 등으로 변화하였다. 증기선은 범선에 비해 자연적 제한 요소를 상당 부분 극복할 수 있었다. 하지만 결정적으로 중요한 문제점이 생겨났다. 바로 연료 문제였다.

자연에 존재하는 풍력을 활용한 범선과 달리 증기선은 석탄 연소를 통해 화력을 발생시켜 에너지원으로 삼았다. 즉 에너지를 발생시키기 위해서는 석탄이라는 연료가 필요하였다. 이러

Expansion 1860~1898(Ithaca, N. Y. : Cornell University Press for the American Historical Association. 1963), p. 7.

5   Bullock은 1850~1873년까지 미국의 무역량이 그 이전 1838~1949년에 비해서 2배 이상 증가하였다고 보았다(C. J. Bullock, et al., "The Balance of Trade of the United States", in *Review of Economics and Statistics, vol. 1*, 1919, pp. 216-221).

6   실제 이러한 목적으로 1845년 2월에는 프래트 의원이 하원에서 '미국통상연장 : 일본 및 조선에 대한 통상사절파견안'이 제출되는 등 동북아시아에 대한 관심이 높아지고 있었다(*Congressional Globe, Vol.XIV*, p. 294).

한 연료 공급상의 문제 때문에 증기선은 자연적 제한 요소를 극복할 수 있다는 장점에도 불구하고 한계가 분명하였다. 대표적으로 항속 거리가 정해져 있었고, 미국 서부 해안에서 목적지인 중국까지 바로 도달하기 어려웠다. 그래서 미국과 중국을 오가던 증기선은 적재 공간의 상당 부분을 연료였던 석탄으로 채울 수밖에 없었다.

운항 거리를 연장하기 위해서는 그에 비례해 더 많은 연료를 적재할 필요가 있었다. 하지만 연료를 많이 적재할수록 승객과 물품을 적재할 수 있는 공간은 줄어들었다. 무역 이익은 수송할 수 있는 승객 수와 물품의 적재량에 비례하기 때문에 연료를 지나치게 많이 적재할 경우 수익상 한계가 발생하였다. 만일 연료를 중간에 적절히 보충할 수 있다면 연료가 차지하는 공간을 그만큼 줄일 수 있었다. 이렇게 확보한 공간에 승객과 물품을 추가로 태우거나 적재하여 이익률을 높일 수 있었다. 따라서 적당한 지점에 연료를 보충할 중간 기착지를 만듦으로써 무역 이익률을 상대적으로 크게 높일 수 있었다.

또한 당시 조선을 둘러싼 해역의 선박 이동량이 계속해서 늘어나면서 그에 따른 각종 사고 역시 증가하고 있었다. 이동량 증가에는 앞에서 설명한 무역량 증가 이외에도 다양한 요인이 작용하였다. 이를테면 미국 포경선의 증가 역시 중요한 요인 중 하나라고 할 수 있었다. 1820년대부터 호황기를 구가하기 시작한 미국의 포경 산업은 1850년대에는 미국에서 5번째로 규모가

▲ 북극의 고래잡이[7]

큰 산업이 되었다.[8]

　석유 산업이 본격화되기 전 향유고래로부터 양질의 고래 기름을 채취하는 포경 산업은 고부가가치의 산업으로 각광받았다. 특히 미국에서 도시화와 산업화가 진행되면서 윤활유의 주요 재료이자 도시의 가로등을 밝히는 데 사용되던 고래 기름의 수요가 급증하기 시작하였다.[9] 특히 값이 비싼 것은 고래의 복부 대장에서 추출하는 용연향이었다. 용연향은 고급 향수의 원

7　Thomas Beale, *The natural history of the sperm whale*, London, J. Van Voorst, 1839.

8　김남균, 「19세기 미국의 포경업, 태평양, 그리고 아시아」, 『미국학논집』 45(1), 2013, 12쪽.

9　David Moment, 'The Business of Whaling in American in the 1850's', in *The Business History Review Vol. 31(3)*, 1957, p. 264.

료로 사용되었다. 당시 용연향은 일반적으로 같은 무게의 금값 보다 더 비싸게 거래되었다.[10] 이 과정에서 미국을 중심으로 고래에서 기름을 채취하는 형태의 산업이 발달하기 시작하고, 포경 산업이 호황을 맞이하게 된 것이다.

미국 포경선은 1843년에는 캄차크, 1847년에는 오호츠크해까지 그 활동 지역을 확대하였다.[11] 이후에는 동해를 비롯한 조선 인근 해역까지 포경 지역을 넓혔다. 포경선은 조업 해역의 확대에 맞추어 점차 대형화되었다. 대형화된 포경선은 3개의 마스트를 장착하고, 4척 정도의 포경 보트를 탑재하게 되었다. 그리고 포경선 내에는 고래를 절단하기 위한 대형 절단기를 비롯하여 잡은 고래에서 기름을 채취할 수 있는 가마와 여기서 채취한 기름을 저장할 수 있는 탱크까지 다양한 시설을 갖추었다. 이를 운용할 수 있는 선원이 20~35명 필요하였다.[12]

이렇게 대형화된 포경선은 오랜 기간 항해하면서 고래를 잡았다. 미국 등에서 출항한 포경선은 대서양을 남하한 후 인도양을 거쳐 일본 연근해 어장을 지나 태평양까지 포경 항로를 따라 이동하며 3~5년 동안 선상 활동을 하였다.[13] 19세기 중반 태평

---

10 Nathaniel Philbrick, *In the Heart of the Sea: The Tragedy of the Whaleship Essex* (New York: Renguin Group, 2000), p. 56.

11 Eric Jay Dolin, *Leviathan: The History of Whaling in America* (New York: W. W. Norton, 2007), p. 228.

12 David Moment, 'The Business of Whaling in American in the 1850's', in *The Business History Review Vol. 31(3)*, 1957, p. 264.

13 김낙현, 홍옥숙, 「허만 멜빌의 『모비 딕』에 나타난 포경 항로와 19세기 북태평양

양 일대에서 활동 중인 포경선은 약 500~700척에 이르렀다. 장기간 선상 활동을 하는 포경선은 주로 현지에서 식량을 보급하였고, 따라서 조업 해역 인근에 식량 등을 공급받을 수 있는 항구가 필요하였다. 초기에 하와이 호놀룰루 등은 이러한 포경선의 중요한 중간 어업기지 역할을 하였다.[14] 그러나 포경선의 포획 대상에는 향유고래 이외에도 귀신고래와 혹등고래까지 포함되었다. 이 때문에 이러한 고래의 주요 서식지였던 조선 인근 해역은 포경선의 주요 활동 무대가 되었다. 미국이 일본과 조약을 체결한 주요 목적 역시 여기에 있었다. 이와 같은 요인으로 인해 조선 인근 해역에는 많은 미국 선박이 왕래하고 있었다.

이러한 선박 이동량 증가는 각종 해상 사고의 증가로 이어졌다. 더욱이 태풍과 같은 기상 이변에 의한 조난은 언제든지 발생할 수 있었다. 특히 아직 조선 인근 해역처럼 정확한 해도가 완성되지 않은 경우에도 포경 등 경제적 목적을 위해 접근하는 선박이 많아졌다.[15] 이 과정에서 알려지지 않은 암초나 조수 간만의 차 등 다양한 자연적 요인 등에 의해 배가 침몰할 가능

의 정치적 상황」, 『해항도시문화교섭학』 16, 2017, 117쪽.

14 Alexander Starbuck, *History of the American whale fishery from its earliest inception to the year l876* (Waltham, Mass. : The Author, 1876), p. 110.

15 Obed Macy, *The history of Nantucket : being a compendious account of the first settlement of the island by the English, together with the rise and progress of the whale fishery ; and other historical facts relative to said island and its inhabitants. In two parts.* (Boston : Hilliard, Gray and Co., 1835), p. 225.

성이 매우 높았다.[16] 실제 1855년 6월 미국 포경선 선원이 풍랑으로 조선 해안에 표류하는 사건이 발생하였고,[17] 이어 1866년에는 미국 상선 서프라이즈호가 평안도 철산에 표류하였다.[18] 이처럼 조선 인근 해역은 많은 위험이 상존하는 지역이었다.

또한 해상 위험이 높아질수록 운송 비용 역시 비례하여 급증하였다. 설상가상으로 선박이 조난되었을 때 상륙한 지역이 안전을 담보할 수 없는 곳이라면 운송 비용은 가중된 위험 요소를 고려하여 더욱 높아질 수밖에 없었다. 문제는 여기에 그치지 않았다. 1866년 서프라이즈호와 제너럴 셔먼호 사건은 안전과 위험이라는 측면에서 극과 극의 사례라고 할 수 있었다. 그런데 미국은 조선과 외교 관계조차 맺지 않은 상태였기 때문에 극단적 상황이 벌어져도 미국 입장에서는 제대로 된 조사가 어려웠다. 사실상 미국의 입장에서 조선은 불확실성으로 가득 찬 나라였다.[19]

이러한 이유로 미국은 아시아 태평양에서 안정적인 무역로

---

16 조선 인근 해역에 대해 최초로 해도를 작성한 프랑스에서는 조선 서해의 조수간만 차가 7~8m 난다는 보고에 대해서 실제임에도 불구하고 믿을 수 없다고 답변을 보내왔다. (프랑스 해군성 장관 Chasseloup Laubat가 로즈제독에게, 박병선, 『1866 병인년, 프랑스가 조선을 침노하다』, 조율, 2013, 76쪽 재인용)

17 Earl Swisher, "The Adventure of Four Americans in Korea and Peking in 1855", in *Pacific Historical Review, 213*(1952), p. 239.

18 E. M. Cable, *United States-Korean Relations, 1866~1871* (Seoul : Literary Department of the Chosen Christian College, 1939), pp. 3-5.

19 Charles Oscar Paullin, "The Opening of Korea by Commodore Shufuldt", in *Political Science Quarterly, vol.25, No.3*(September, 1910), p. 410.

와 중간 기착지를 확보하기 위해 일본처럼 조선을 미국이 요구하는 국제 질서 안으로 편입시킬 필요가 있었다. 조선의 지하자원과 조선이 지금까지 미개척 시장으로 남아 있다는 점도 중요한 유인 요인으로 작용하였다.[20]

하지만 이러한 필요와 유인 요인에도 불구하고 조선에 대한 정보는 턱없이 부족하였다. 1882년 출간된 그리피스의 『은자의 왕국 조선(Corea, The Hermit Nation)』은 조선을 소개하는 대표적인 책이라고 할 수 있다. 그런데 "은자의 왕국 조선(The Hermit Nation)"이라는 제목에서 나타나듯 1880년대까지도 조선에 대한 서양인의 정보는 매우 적고 불확실하였다. 이는 미국의 입장에서 조선에 대한 대외 전략을 수립하는 데 있어 심각한 문제로 다가왔다. 만일 잘못 접근하여 교섭에 실패할 경우 미국의 국가적 위신에 심각한 타격을 줄 수도 있었다. 대표적으로 1866년 당시 프랑스가 군사력을 앞세워 조선을 침공하였으나 실패한 사례를 들 수 있다. 그 여파로 중국에서 프랑스의 위신은 상당히 추락하였고, 이것이 당시 프랑스 선교에 대한 반발과 맞물리면서 1870년 중국 천진에서 프랑스 선교사들이 중국인에게 학살당하는 사건(天津教案)이 발생하였다.[21] 이 때문에 미국은 신중하게 대조선 교섭을 추진하였다.[22]

---

20 *Shufeldt's Letter Book* (No. 43), January 25, 1867.

21 尹世哲, 「天津教案과 淸朝 外交의 變容 : 三口通商大臣 專設制의 廢止와 관련하여」, 『역사교육』 30.31합집, 1982, 190~191쪽.

22 W. E. Griffis, 『은자의 나라, 한국』, 신복룡 역주, 집문당, 1999, 495쪽.

미국의 대조선 교섭 전략은 크게 세 가지가 있었다. 첫 번째는 종주국으로 알려진 청을 통한 교섭이었다. 그러나 이것은 청과 조선의 특수한 관계로 인해서 별다른 성과를 내지 못하였다.[23] 두 번째는 중국을 제외하면 조선과 유일하게 교섭 경험이 있으며 미국과 이미 조약 관계를 맺고 있는 일본을 통한 방법이었다. 당시 일본은 미국과 조약을 통해 거중조정의 책임을 지고 있었기 때문에 나름 유효한 방법이었다. 그러나 이 역시 조선이 일본과의 교섭 자체를 거부하였고, 일본 내부적으로도 메이지 유신이 진행되는 등 혼란스러운 상황이었기 때문에 실패하였다.[24] 마지막으로 남은 방법은 조선과 직접 교섭함으로써 미국의 요구를 관철시키는 것이었다. 미국은 해군을 동원하여 제너럴 셔먼호 사건을 조사하였고, 이를 바탕으로 마지막 방법을 선택하였다.[25] 교섭에 있어서 군사적 위협은 정치·외교적 목적을 달성할 수 있는 가장 확실한 방법이었다. 따라서 1869년 미국 정부는 아시아 함대를 이용하여 조선 문제를 해결하고자 하였다.

미국 아시아 함대의 존재 목적은 이러한 문제를 군사적으로 뒷받침하는 것에 있었다.[26] 미국은 서부 개척 이전부터 태평양

---

23 김원모, 「대원군의 군사정책」, 『한국사 37 : 서세동점과 문호개방』, 국사편찬위원회, 2000, 197쪽.

24 심기재, 「막말명치초기에 있어서의 일본의 대조선 대응」, 『동양학』 30, 2000, 244~245쪽.

25 김원모, 『개화기 한미교섭관계사』, 단국대학교출판부, 2003, 87~99쪽.

26 Robert Swartout, *The Background and Development of the 1871 Korean-American Incident* (Portland: Portland State University, 1974), p. 67.

방면으로 팽창을 추진하였고, 그 결과 1822년에 태평양 지역의 상업 이익을 보장하기 위해 '아메리카 태평양 함대'를 창설하였다. 태평양 함대는 1835년에 '동인도 및 지나해 함대'로, 남북전쟁 직후인 1865년에는 '아시아 함대'로 개칭하였다.[27] 아시아 함대는 아시아 국가와의 교섭 과정에서 미국이 군사 행동을 수행할 수 있는 근간이 되었다. 아시아 함대의 주 임무는 해적의 발호를 억제하면서 미국 상선을 보호하고, 아시아 국가에 거주하는 미국 상인·선교사·외교관의 생명 및 재산을 보호하는 것이었다. 또한 외교적 분쟁이 벌어질 경우, 함대를 동원한 무력시위나 실제 군사 행동을 통해 문제를 해결하고자 하였다.[28] 대표적인 예로 1852~53년 페리 함대의 일본 내항을 들 수 있다.

1869년 조선과의 교섭을 책임진 베이징 주재 미국 공사 프레데릭 로는 아시아 함대를 지휘하는 로저스 제독, 조선 전문가로 알려진 상하이 영사 슈어드 등과 조선 문제를 협의하였다.[29] 그 결과 이듬해인 1871년 5월 조약 체결에 대하여 조선과 교섭하기로 하였다. 교섭을 위한 미 함대 동원 규모는 페리 제독의 일본 개항 사례와 전 베이징 공사 브라운의 보고를 참고하여 5

---

27 Kenneth J. Hagan, *American Gunboat Diplomacy and the Old Navy, 1877~1889* (Westport: Praeger, 1973), p. 188.

28 김원모, 『개화기 한미교섭관계사』, 단국대학교출판부, 2003, 77쪽.

29 H. Fish to F. F. Low, Department of State, Washington, April 20, 1870, *FRUS*, 1870, China, pp. 333-334.

척으로 결정되었다.[30] 1867년 미국의 시워드 국무장관은 주미 프랑스 공사에게 조선에 대한 공동 원정을 제안하였다.[31] 그러나 프랑스는 병인양요 당시 조선을 충분히 응징했으므로 또다시 조선 원정을 하는 것은 무의미하다 하여 거부하였다.[32] 결국 미국은 단독으로 대조선 교섭을 추진하게 되었다.

---

30 Jules Davids, *American Diplomatic and Public Papers: Treaty of Wanghia, vol 9* (Independence: Scholarly Resources, 1981), pp. 87-94.

31 U.S. Department of State, 『미국의 대한정책(1834~1950)』, 한철호 역, 한림대학교출판부, 1998, 7쪽.

32 육군군사연구소 편, 『한국군사사 : 근현대 1』, 경인문화사, 2012, 86쪽.

르장드르에게는 협상에 이르기 위한 방법으로서 군사력의 사용이 매우 중요하였다.
협상을 진행하면서 르장드르는 대규모 중국인 용병을 고용해
타이완 원주민을 상대로 무력시위를 진행하였다.
결국 타이완 원주민은 르장드르의 협상 요구에 응하였다.
그 결과 미국은 원주민으로부터 상선의 안전을 약속받을 수 있었다.

7장

미국의
타이완 원정과
르장드르의 협상

19세기 서구 열강의 아시아 정책은 주로 무력과 협상을 병행하는 것이었다. 미국 역시 예외는 아니었다. 다만 미국은 이를 뒷받침할 수 있는 기반이 제대로 조성되어 있지 않았다. 이를테면 영국의 경우 세상에 알려진 거의 모든 국가와 관계를 맺고 있었고, 19세기 중반 이후 약 180여 개의 국가 및 국제 기구에 외교관을 파견하였다.[1] 반면 1871년 미국은 외교 서신을 주고받는 현지 공관이 불과 25개국에 불과하였다.[2] 이러한 수치는 영국과 미국 간 외교적 기반의 차이를 보여주었다.

이 때문에 미국의 외교를 담당하는 국무부에서 취할 수 있는 대외 정책은 극히 한정적이었다. 제너럴 셔먼호 사건이 일어난 1866년은 앤드루 존슨이 암살당한 링컨의 대통령직을 승계한 직후였다. 당시 국무장관은 링컨 대통령 당시부터 재임 중이던 윌리엄 헨리 시워드(William Henry Seward)였다. 시워드는 1861년부터 1869년까지 사실상 미국의 대외 정책을 총괄하였다. 당시

1   Colin A. Mackie, *A Directory of British Diplomats*, 2013, pp. 905-911.
2   *FRUS*, 1871.

그의 대외 정책은 '상업적 팽창주의'였다.[3]

시워드는 미국의 이익을 위해 카리브해와 태평양으로 영향력을 확대해야 한다고 주장하였다. 특히 태평양으로 미국의 영향력을 확대하는 데 주력했다. 그는 대서양과 태평양을 연결하는 운하 계획을 수립하여 1867년 니카라과와 관련 조약을 체결하였다. 이와 함께 하와이제도 인근의 브룩스섬(Brooks Islands)을 점령하였다.[4] 시워드가 러시아 제국으로부터 알래스카를 구입한 것은 결정적인 성과였다. 1830년대부터 러시아 제국은 경제적 가치가 없다고 판단하던 알래스카를 처분하고자 하였다. 더욱이 알래스카에는 러시아인이 거의 살고 있지 않았고, 이미 많은 미국인이 알래스카에 다양한 목적으로 건너와 거주하는 상황이었다. 러시아 입장에서는 이들 미국인을 통제할 방안 역시 마땅치 않았다. 이에 미국과 러시아 제국은 협상을 시작하여 1867년 3월 30일 조약을 체결하였다.[5]

조약에 따라 러시아는 알래스카와 그 부속 도서인 알류시안 열도(Aleutian Islands)를 양도하기로 동의했고 미국은 조약 비준 이

---

3   차상철, 「윌리엄 시워드(William Henry Seward)와 미국의 팽창주의」, 『역사와 담론』 25, 1998, 366쪽.

4   이후 이 섬은 미드웨이 섬으로 개칭한다(Walter LaFeber, *The Cambridge history of american foreign relations, vol.2 : The American Search for Opportunity, 1865-1913* (Cambridge : Cambridge University Press, 1995), p. 17 ; Walter LaFeber, The New Empire : an interpretation of American expansion 1860-1898 (Ithaca, NY : Cornell University Press), p. 29).

5   Seward, Frederick W., Seward at Washington as Senator and Secretary of State, Vol. 3, 1891, p. 348.

후 러시아에 7,200,000달러를 지불하기로 하였다. 조약 체결에 대해 미국 내부에서도 일부 반대가 있었지만, 알래스카의 풍부한 천연자원과 잠재적인 상업적 가치 그리고 태평양에서 미국의 우위를 보장할 수 있다는 측면에서 지지를 받아 결국 미 의회를 통과할 수 있었다.[6]

니카라과 운하 계획, 브룩스섬 점령, 알래스카 매입 등은 미국의 대외 정책에 매우 큰 의미가 있었다. 비록 남북전쟁 이후 자국 내 문제와 아메리카 문제에 묶여 직접적인 대외 정책 추진에 한계가 있었지만, 미국은 태평양 연안의 캘리포니아를 비롯한 서부 연안의 여러 주에서 아시아로 진출하는 발판을 마련할 수 있었다.

그럼에도 불구하고 미국의 대외 정책은 한계가 분명하였다. 우선 정책을 추진할 외교 조직이 충분하지 못하였고, 군사적 역량 역시 남북전쟁 이후 예산 문제로 군사비를 감축하며 떨어져 있었다. 이러한 상황에서 미국은 대외 정책을 현지의 외교관 및 군 지휘관의 역량에 상당 부분 의존할 수밖에 없는 것이 현실이었다. 이러한 상황을 잘 보여주는 사례가 1867년 '로버호 사건'이었다.

미국은 남북전쟁 이후 재건 정책에 예산을 집중하였다. 대

---

6   Walter LaFeber, *The New Empire : an interpretation of American expansion 1860-1898* (Ithaca, NY : Cornell University Press), p. 29. ; Thomas G. Paterson, Kenneth J. Hagan, J. Garry Clifford, *American foreign policy. 1 : a history* (Lexington, Mass. : D.C. Heath, 1983), pp. 181-182.

외 정책의 비중은 상대적으로 낮아질 수밖에 없었다. 아시아 방면에서도 마찬가지였다. 이 때문에 미국은 오랜 시간 쌓은 역량을 필요로 하는 협상보다 무력에 의존하여 현지 문제를 해결하려 했다. 특히 현지인과 충돌이 발생하였을 때 현지인과 협상을 하기보다 이른바 처벌과 배상이라는 형태로 보복을 우선시하였다.[7] 미국은 이를 통해 현지인을 무력으로 굴복시키고자 하였다.

1867년 이러한 미국의 대외 정책을 보여주는 상황이 발생하였다. 1867년 5월 영국과 미국 언론은 미 군함이 'Informesa' 일대를 포격했다는 소식을 보도하였다. 미 군함이 'Informesa'를 포격한 이유는 그 인근에서 미국 상선 로버호의 선원이 살해되었기 때문이었다.[8] 이 신문 기사는 많은 내용을 생략하고 왜곡한 것이었다. 우선 여기서 등장하는 'Informesa'라는 지명은 존재하지 않는다. 사실 'Informesa'는 'in formosa'의 오탈자이다.[9] 즉, 당시 포모사라고 불리던 타이완에 대한 포격을 의미하였다.

로버호는 중국 광둥 산터우에서 다롄 잉커우로 가던 중이었

---

7   Mr. Seward to Mir. Burlingame, No. 202, Department of State, Washington, June 20, 1867. *Papers Relating to Foreign Affairs, Accompanying the Annual Message of the President to the Second Session of the fortieth Congress.*

8   *Cork Examiner*, May 25, 1867., 'Japan' ; *Cork Constitution*, May 25, 1867., 'China' ; *Southern Reporter and Cork Commercial Courier*, May 25, 1867., 'The Convict Burke'.

9   *Daily News* (London), May 25, 1867, 'Telegraphic Intelligence'.

다. 1867년 3월 12일 로버호는 타이완 인근에서 암초에 부딪혀 좌초했다. 당시 로버호에는 선장과 선장의 아내, 그리고 선원까지 총 14명이 타고 있었다.[10] 배는 결국 침몰했지만, 선장을 비롯한 선원 전부는 타이완 해안에 상륙하였다. 문제는 이들이 타이완 원주민과 만난 이후 벌어졌다.

당시 그 일대 타이완 원주민은 서양인에 대해 매우 좋지 않은 감정을 갖고 있었다. 이후 밝혀진 바에 의하면 그 직전에 서양인이 부족민에게 위해를 가한 일이 있었다. 그래서 타이완 원주민은 보복을 결심한 상태였다. 그때 로버호를 탈출한 선장 부부와 선원이 해안에 상륙한 것이다. 결국 중국인 선원 1명을 제외한 나머지 승무원 모두가 원주민에게 살해당하였다.[11]

중국인 선원 1명은 인근을 지나가던 영국 군함에 의해 구출되었다. 영국군은 혹시 있을지도 모르는 생존자를 구출하기 위해 원주민과 협상을 진행하였다. 그러나 몸값을 지불하겠다는

---

10 *Overland China Mail*, April 15, 1867., 'Wreck of the "Rover" off Formosa. Murder of the Captain, his wife, and Crew. Attack by the Natives on the Boats of H. M. S. "Cormorant."'; Mr. Le Gendre to Mr. Seward, No. 21., Consulate of the United States of America, Amoy, China, May 11, 1867. *Papers Relating to Foreign Affairs, Accompanying the Annual Message of the President to the Second Session of the fortieth Congress.*

11 Mr. Burlingame to Mr. Seward, No. 137. Legation of the United States, Peking, April 23, 1867. *Papers Relating to Foreign Affairs, Accompanying the Annual Message of the President to the Second Session of the fortieth Congress*; *China Mail*, Hong Kong, April 6, 1867., 'Wreck of the Rover off Formosa.—Murder of the Captain, his wife, and crew.—Attack by the Natives on the Boats of Her Majesty's steamer Cormorant.'

▲ 포모사[12]

제안에도 불구하고 협상은 결렬되었다. 이후 영국군은 선원을 구출하기 위해 원주민을 상대로 무력시위를 했지만, 원주민이 밀림 안으로 몸을 숨기면서 실패했다. 영국군은 밀림 안까지 군대를 파견할 수 있는 능력이 없었기 때문에 결국 추가 생존자 구출을 포기하고 중국 아모이로 철수하였다.[13] 그리고 이 소식

12 Le Gendre, C. W., Notes of Travel in Formosa, vol 4, plate 1, 1874. Library of Congress.

13 Mr. Le Gendre to Mr. Seward. No. 19. Consulate of the United States of

을 미 해군에게 전달했다.[14]

미 동인도 함대 사령관인 헨리 벨 제독은 일본 요코하마에서 이 소식을 듣고 페비거가 지휘하는 군함을 현지에 파견하였다. 벨 제독은 페비거에게 현지의 중국 관리와 연락하여 관련 내용을 조사하도록 지시했다. 하지만 페비거는 임무를 제대로 수행할 수 없었다. 타이완에 도착한 뒤 페비거는 관련 내용 조사를 위해 지역 중국 관리에게 연락했지만, 관리는 해당 지역은 정부의 통치 범위 밖이라 협조가 어렵다고 답변할 뿐이었다.[15]

기상 등 다양한 요인으로 언제든지 조난 사고가 발생할 수 있는 상황에서, 적대적 세력은 해상 운송의 위험을 가중시키는 존재였다. 이러한 문제를 해결하지 못하다면, 표류한 선원들은 언제든지 적대적인 원주민에 의해 살해될 수 있었다. 원주민을 상대로는 물리적 수단밖에 해결책이 없다는 식의 언론 보도가 이어지자,[16] 결국 미국은 군사적 수단을 활용한 보복을 계획하

America, Amoy, China, May, 1867. *Papers Relating to Foreign Affairs, Accompanying the Annual Message of the President to the Second Session of the fortieth Congress.*

14 Mr. Le Gendre to Mr. Seward, No. 20. Consulate of the United States of America, Amoy, China, May 11, 1867. *Papers Relating to Foreign Affairs, Accompanying the Annual Message of the President to the Second Session of the fortieth Congress.*

15 Mr. Le Gendre to Mr. Seward, No. 19. Consulate of the United States of America, Amoy, China, May, 1867. *Papers Relating to Foreign Affairs, Accompanying the Annual Message of the President to the Second Session of the fortieth Congress.*

16 'The offense was very gross, and there seems to be no other war of teaching

였다.

미 함대는 1867년 6월 13일 타이완 남쪽 해안에 도착하여 정박했다. 이때 벨 제독은 타이완 전사로 보이는 이들이 공터에 모여 있는 모습을 보고 공격을 지시했다. 당시 미 해군의 보고에서는 이들을 가리켜 '붉은색으로 칠한' 타이완 전사라고 했지만, 이들이 실제 전사인지는 중요하지 않았다. 사실 당시 미 해군에게는 이들이 전투원인지 비전투원인지 구별할 능력이 없었다. 그리고 미군의 목적은 타이완 원주민을 무력으로 굴복시켜 로버호 사건의 재발을 방지하는 것이었기 때문에 위협을 가할 수 있다면 그것만으로 충분했다.

이어 벨 제독은 조지 벨크냅(George E. Belknap) 사령관(하트포드의 함장)이 지휘하는 181명의 군인을 해변에 상륙시켜 타이완 전사로 추정되는 이들을 추격했다. 원주민이 내륙 밀림으로 몸을 숨기자 미 상륙부대는 부대를 나누어 계속 추격했다. 미군이 울창한 정글 속을 헤치며 원주민을 1시간가량 추격했을 때, 매복해 있던 원주민이 미군을 공격했다.

미군은 원주민의 공격에 피해를 보지는 않았지만, 문제는 정글이라는 점이었다. 원주민은 미군을 피해 계속해서 밀림 속으로 숨었고, 미군은 이들을 찾아 밀림을 계속 헤매고 다녔다. 결국 6시간 정도 원주민을 추격한 끝에 많은 미군이 일사병 등

barbarians the duties of humanity, than by physcial force'(*The Brooklyn Daily Eagle*, May 31, 1867, 'Miscellaneous Items').

으로 인해 더 이상 공격할 수 없는 지경에 이르게 되었다. 그러나 미군이 공격을 멈출 때마다 타이완 원주민의 반격이 이어졌다. 마침내 원주민의 공격에 지휘관까지 쓰러지는 상황이 벌어졌다. 결국 미군은 공격이 어렵다는 것을 인정하고 후퇴할 수밖에 없었다.

이때 등장한 사람이 르장드르(Charles William Le Gendre, 한국명 이선득(李善得))이다. 그는 프랑스에서 태어나 파리대학을 졸업했지만, 결혼 후 미국으로 이주했다. 미국에서 남북전쟁이 일어나자 지원해 전쟁에 참가했으나 심각한 부상을 입고 퇴역했다. 그의 퇴역 당시 계급은 대령이었지만, 전공을 인정받아 명예 준장으로 진급했다. 이후 르장드르는 중국 샤먼의 영사로 취임했다.

르장드르는 중국에 도착한 뒤 중국인 계약 노예인 '쿨리'의 불법적인 미국 이주를 막기 위해 노력했다. 하지만 그는 미국의 로버호 사건 해결 과정에서 본격적으로 주목받기 시작했다. 르장드르는 타이완 원주민을 협상 대상으로 인정하고, 협상을 통해 문제를 해결해야 한다고 주장했다. 그는 군대 역시 단순한 보복 차원이 아니라 협상을 전제로 동원할 때 효과를 발휘할 수 있다고 보았다.

그렇기 때문에 르장드르에게는 협상에 이르기 위한 방법으로서 군사력의 사용이 매우 중요하였다. 협상을 진행하면서 르장드르는 대규모 중국인 용병을 고용해 타이완 원주민을 상대로 무력시위를 진행하였다. 결국 타이완 원주민은 르장드르의 협상 요구에 응하였다. 그 결과 미국은 원주민으로부터 상선의 안전을 약속받을 수 있었다.

르장드르의 협상 과정에서 미국은 중요한 교훈을 얻었다. 우선 교섭 대상에 관한 정보의 중요성이었다. 미군의 공격, 특히 해병대의 상륙전은 대상을 고려하지 않고 무조건적인 무력 시위만을 목적으로 하였다. 반면 르장드르는 협상 대상이 누구인지 명확히 파악하였다.

그리고 상대를 굴복시키려면 충분한 군사력이 뒷받침될 필요가 있었다. 르장드르의 경우 무력시위를 위해 천여 명 이상의 용병을 고용하였다. 반면 미군은 비록 함포 사격 지원을 받았지만, 병력은 1개 중대 180여 명에 불과하였다. 결과적으로 원주민에 대한 충분한 정찰이 뒷받침되지 않았기 때문에 실패할 수밖에 없었다.

이처럼 미국은 남북전쟁 이후 재건 정책을 진행하면서 군사비가 축소되는 상황 속에서 태평양 일대에 대해서는 '상업적 팽창주의'라는 모순적인 형태의 대외 정책을 추진하였다. 이러한 미국의 정책은 이후 그랜트 행정부로 넘어오면서 계속 이어졌다. 그랜트 대통령의 정책 대부분은 국내 문제에 집중되었지만, 당시 국무장관이었던 피쉬는 국내외 다양한 현안 문제에 직면한 상태였다.

피쉬는 국무장관으로 재임하면서 미 국무부 개혁을 비롯하여 쿠바 문제에 이르기까지 다양한 문제를 해결하였다.[17] 그의 정책은 상당 부분 시워드의 정책을 계승하였다.[18] 그는 특히 태평양과 아시아에 대한 상업적 팽창주의 정책을 적극적으로 추진하고자 하였다. 다만 이를 뒷받침할 수 있는 외교·군사적 역량은 마찬가지로 매우 제한적이었다. 이 때문에 미군의 대조선 원정은 처음부터 한정된 범위 내에서 추진될 수밖에 없었다.

17 Walter LaFeber, *The New Empire : an interpretation of American expansion 1860-1898* (Ithaca, NY : Cornell University Press), p. 32.

18 Robert Ray Swartout Jr., 'The background and development of the 1871 Korean-American incident: a case study in cultural conflict' (1974), p. 104.

미국은 상륙 병력을 병인양요 당시 프랑스의 사례를 참고해 651명으로 편성하였다.
여기에 화력 지원을 담당하는 포병대를 포함하여 총 9개 보병 중대와 공병대,
의무대 그리고 해병 1개 중대 등으로 구성된 부대를 준비하였다.
이때 포병대는 3개 포대로 구성되었다. 따라서 전체 상륙 병력은 편제상으로는
1개 연대 규모였지만, 포병대를 제외하면 실제 병력 규모는 보병 1개 대대 수준이었다.

8장

미국의 전쟁 준비

미 해군은 주요 주둔지인 북대서양, 남대서양, 태평양, 유럽 그리고 아시아에 함대를 배치하였다. 아시아에는 8척으로 편성된 아시아 함대가 배치되어 있었다. 아시아 함대가 관할하는 해역은 아시아의 모든 해역과 희망봉에서부터 아프리카 동부 및 북동부, 그리고 태평양 서편 경계를 아울렀다. 여기에는 자바와 수마트라 그리고 보르네오와 필리핀 제도, 일본, 서아시아와 남아시아, 서아프리카 해역까지 포함되었다.[1]

1868년 아시아 함대는 델라웨어(Delaware)호, 오나이다(Oneida)호, 이로쿼이(Iroquois)호, 아슈엘롯(Ashuelot)호, 모노카시(Monocacy)호, 모미(Maumee)호, 어나딜라(Unadilla)호, 아이다호(Idaho)호 등 총 8척으로 편성되었다.[2] 하지만 1869년 아시아 함

---

[1] *Report of the Secretary of the Navy and of the Postmaster General being part of the Message and Documents Communicated to the two Houses of Congress at the beginning of the Second Session of the Forty – Second Congress* (Washington : Goverment Printing Office, 1871), p. 5.

[2] *Report of the Secretary of the Navy and of the Postmaster General being part of the Message and Documents Communicated to the two Houses of Congress at the beginning of the Third Session of the Forty – Second Congress* (Washington : Goverment Printing Office, 1871), p. 25.

대 중 실질적으로 동원 가능한 선박은 3척에 불과하였다. 먼저 2척(델라웨어호와 이로쿼이호)은 함대를 재편성하면서 미국으로 복귀하였다.[3] 그리고 미국은 남북전쟁 이후 군축을 위해 어나딜라호와 모미호를 판매하였다.[4] 여기에 더해 오나이다호가 1870년 1월 24일 요코하마에서 영국 기선 봄베이(Bombay)호와 충돌하면서 침몰하였다. 오나이다호는 파손이 심각해 요코하마항에 침몰한 채 방치되었다.[5] 심지어 아슈엘롯호마저 수리가 필요해 작전에 투입되기 어려운 상황이라 작전에서 제외되었다.[6] 결국 미국에서 전력을 보충하기로 하였다.

1869년 4월 9일 로저스 제독이 콜로라도(Colorado)호와 알래스카(Alaska)호를 인솔해 뉴욕에서 출발하였다. 로저스는 6월 6일 리우데자네이루를 지나 7월 2일에는 시몬스 타운, 그리고 8월 12일에는 싱가포르에 도착하였다. 여기서 그는 로완 제독에

3　*Report of the Secretary of the Navy and of the Postmaster General being part of the Message and Documents Communicated to the two Houses of Congress at the beginning of the Second Session of the Forty – Second Congress* (Washington : Goverment Printing Office, 1871), pp. 28-29.

4　*Report of the Secretary of the Navy and of the Postmaster General being part of the Message and Documents Communicated to the two Houses of Congress at the beginning of the Third Session of the Forty – Second Congress* (Washington : Goverment Printing Office, 1871), p. 25.

5　*Report of the Secretary of the Navy and of the Postmaster General being part of the Message and Documents Communicated to the two Houses of Congress at the beginning of the Third Session of the Forty – Second Congress* (Washington : Goverment Printing Office, 1871), pp. 14-15.

6　W. E. Griffis, 『은자의 나라, 한국』 신복룡 역, 집문당, 1999, 404쪽.

게서 아시아 함대의 지휘권을 인수하였다. 이후 로저스 제독은 10월 13일 상하이에 도착하였다.[7]

베니시아(Benicia)호는 1869년 3월 2일 뉴햄프셔의 포츠머스에서 출발해 4월 16일 리우데자네이루에 도착하였다. 여기서 시몬스 타운을 거쳐 7월 28일 싱가포르에 다다랐다. 그리고 홍콩을 거쳐 8월 24일 상하이에서 로저스 제독의 지휘하에 들어갔다. 팔로스(Palos)호는 6월 20일 보스턴에서 출발하여, 지중해와 수에즈운하를 통과한 후 싱가포르에 도착하였다. 여기서 다시 홍콩으로 출발하여 9월 25일 상하이에 도착할 수 있었다.[8]

아시아 함대의 기함은 콜로라도호였다. 콜로라도호는 1858년 노퍽 해군 조선소(Norfolk Navy Yard)에서 건조한 3,350톤급 (Merrimack class)의 3돛대 스크류 증기선이다. 콜로라도호라는 이름은 미국 남서부 로키산맥의 서쪽에 있는 콜로라도 대지의 대협곡과 와이오밍주에서 시작되는 그린강이 합류해 서남쪽으로 흐르는 콜로라도강의 이름에서 딴 것이었다. 콜로라도호의 선체는 262′10″(bp) 268′6″(wl)×52′6″×23′9″였으며, 속도는 8.8노트였다(1screw, 2-cyl. horizontal direct-acting trunk engine(79.5″×3′), 4boilers, IHP 997, 8.8knots(Tredegar)). 승선 인원은 총 674명이었다. 무장은 100파운드 포(MLR) 2문과 11인치 포(SB) 1문 그리고 9인치

7 *Annual Report of the Secretary of the Navy on the Operations of the Department for the year 1870*, p. 26.

8 이민식, 『근대 한미관계 연구』, 백산자료원, 1998, 96쪽.

▲ USS Colorado[9]

포(SB) 42문, 20파운드 포(pdr H) 2문, 12파운드 포(pdr H) 6문이었다.[10]

콜로라도호는 남북전쟁 당시 북군 연합 해군(Union Navy's)의 웨스트 걸프 봉쇄 함대(West Gulf Blockading Squadron)에 편성되어 참전하였다.[11] 남북전쟁 이후에는 유럽 함대의 기함으로 운용되었다. 아시아 함대에 편성되어 아시아 해역에 배치된 것은 1870

9　U. S. Navy Photograph NH55258, Photographic Section, Naval History and Heritage Command.

10　Paul H. Silverstone, *Civil War Navies, 1855-1883(The U.S. Navy Warship Series)* (Annapolis, Md. : Naval Institute Press, 2006), p. 88. 이 중 약자는 다음과 같다. cyl. : cylinder, bp : length between perpendiculars, wl : length on waterline, IHP : Indicated Horse Power, MLR:*muzzle-loadingrifle*, SB : smoothbore gun, H : howitzer, pdr: pounders rifle.

11　United States. Navy Department, *Annual Report of the Secretary of the Navy*(U.S. Government Printing Office, 1861), p. 350.

▲ USS Benicia[12]

년이었다.[13]

　베니시아호는 1869년에 보스턴 해군 조선소(Boston Navy Yard)
에서 건조된 2,400톤급(Algoma Class)의 스크류 슬루프선이다.[14]
선체 길이는 250′6″(bp)×38′×16′6″이며, 엔진은 1screw, 2-cyl.
horizontal back-acting engine(50″×3′6″), 4boilers, IHP 800으로 속
도는 11.5노트였다.[15] 승무원은 291명이었다. 무장은 11인치 포

12　U.S. Navy Photograph NH49801, Photographic Section, Naval History and
　　Heritage Command.

13　Paul H. Silverstone, *Civil War Navies, 1855-1883(The U.S. Navy Warship
　　Series)* (Annapolis, Md. : Naval Institute Press, 2006), p. 89.

14　*Report of the Secretary of the Navy and of the Postmaster General being
　　part of the Message and Documents Communicated to the two Houses of
　　Congress at the beginning of the Second Session of the Forty – Second
　　Congress* (Washington : Goverment Printing Office, 1871), p. 191.

15　*Report of the Secretary of the Navy and of the Postmaster General being*

▲ USS Alaska[16]

(SB) 1문, 9인치 포(SB) 10문, 60파운드 포(MLR) 1문 그리고 20파운드 포(MLR) 2문이었다.

　알래스카호는 베니시아호와 동급인 스크류 슬루프선으로 1868년 보스턴 해군 조선소에서 건조되었다.[17] 다만 베니시아호와 무장에서는 차이가 있었다. 알래스카호는 11인치 포(SB) 1문, 8인치 포(SB) 6문 그리고 60파운드 포(MLR) 1문으로 무장하

　　part of the Message and Documents Communicated to the two Houses of Congress at the beginning of the Second Session of the Forty – Second Congress (Washington : Goverment Printing Office, 1871), pp. 193-194.

16　U.S. Navy Photograph NH63526, Photographic Section, Naval History and Heritage Command.

17　*Report of the Secretary of the Navy and of the Postmaster General being part of the Message and Documents Communicated to the two Houses of Congress at the beginning of the Second Session of the Forty – Second Congress* (Washington : Goverment Printing Office, 1871), p. 191.

▲ USS Palos[18]

였다.[19] 베니시아호와 알래스카호는 건조 직후부터 아시아 함대에 편성되어 운용되었다.

　모노카시호는 1866년 볼티모어 해군 조선소(Baltimore Navy Yard)에서 건조된 1,370톤급(Mohongo Class)의 외륜선이었다. 모노카시호의 선체는 255′(wl)×35′×9′6″이며, 엔진은 Side Wheels, 1 inclined direct-acting engine(58″×8′9″), 2boilers, 속도는 15노트였다. 모노카시호의 승무원은 총 190명이었고, 8인치 포(SB) 4문, 60파운드 포(pdr MLR) 2문, 20파운드 포(pdr MLR) 2문 그리고 24파운드 포(pdr H) 2문으로 무장하였다. 모노카시호 역시 건조된 이

18　U. S. Navy Photograph NH59822, Photographic Section, Naval History and Heritage Command.

19　Paul H. Silverstone, *Civil War Navies, 1855-1883*(*The U.S. Navy Warship Series*) (Annapolis, Md. : Naval Institute Press, 2006), p. 89.

후 아시아 함대에 편성되었다.[20]

팔로스호는 420톤급(Fortune class)의 스크류선으로 1870년 보스턴 해군 조선소에서 건조되었다. 팔로스호의 선체는 137′(oa) × 26′ × 9′6″이며, 엔진은 1screw, vertical compound engines으로 속도는 10노트였다.[21]. 팔로스호는 아시아, 특히 중국의 하천에서 운용할 수 있도록 흘수가 낮게 설계되었다.[22] 이를 운용하는 승무원은 총 52명이었다. 무장으로는 3파운드 포(pdr)를 2문 탑재하였다.[23] 팔로스호는 미 군함 중 처음으로 수에즈운하를 통과하면서 이에 대한 자세한 보고서를 남겼다.[24] 이것은 팔로스호가 포함으로서 지상에 대한 화력을 지원하는 역할보다 수심을 비롯한 각종 탐지 작업 등에 보다 적합하다는 것을 의미하였다.

---

20 *Report of the Secretary of the Navy and of the Postmaster General being part of the Message and Documents Communicated to the two Houses of Congress at the beginning of the Third Session of the Forty – Second Congress* (Washington : Goverment Printing Office, 1871), p. 25.

21 Paul H. Silverstone, *Civil War Navies, 1855-1883(The U.S. Navy Warship Series)* (Annapolis, Md. : Naval Institute Press, 2006), pp. 334-335. 여기서 약자는 다음과 같다. oa : length overall.

22 *Report of the Secretary of the Navy and of the Postmaster General being part of the Message and Documents Communicated to the two Houses of Congress at the beginning of the Third Session of the Forty – Second Congress* (Washington : Goverment Printing Office, 1871), pp. 7-8.

23 Paul H. Silverstone, Civil War Navies, 1855-1883(The U.S. Navy Warship Series) (Annapolis, Md. : Naval Institute Press, 2006), pp. 333-334.

24 *Report of the Secretary of the Navy and of the Postmaster General being part of the Message and Documents Communicated to the two Houses of Congress at the beginning of the Third Session of the Forty – Second Congress* (Washington : Goverment Printing Office, 1871), pp. 150-155.

미국은 상륙 병력을 병인양요 당시 프랑스의 사례를 참고해 651명으로 편성하였다. 여기에 화력 지원을 담당하는 포병대를 포함하여 총 9개 보병 중대와 공병대, 의무대 그리고 해병 1개 중대 등으로 구성된 부대를 준비하였다.[25] 이때 포병대는 3개 포대로 구성되었다.[26] 따라서 전체 상륙 병력은 편제상으로는 1개 연대 규모였지만, 포병대를 제외하면 실제 병력 규모는 보병 1개 대대 수준이었다.

---

[25] 이에 대해서는 일부 이견이 있지만 여기서는 로저스 제독이 올린 최종 보고서를 기준으로 하였다(Capture and Destruction of Corean Forts, Report of Rear Admiral John Rodgers, SHIP OF ASIATIC FLEET, Chefoo, China, July 5, 1871). 상륙부대는 보병 9개 중대, 해병 1개 중대(109명), 공병대 및 의무대 등 총 651명이다.

[26] 미군이 보유한 곡사포는 총 3종으로써 rifle howitzer(heavy twelve), heavy twelve, light twelve으로 구성되었다(Report of Lieutenant W. W. Mead, United states Steamer Colorado, (1st rate), Off Isle Boissée, June 13, 1871). 포병부대는 3개 포대(144명)로 편성되었다.

조선은 이 사건이 자칫 순망치한으로 이어질 수 있다고 바라보았다.
따라서 조선은 이를 적극적으로 대비하고자 하였다.
특히 병인양요 이후로는 군비 강화에 박차를 가하였다.
이러한 군비 강화에 결정적인 방향을 제시한 것은
당시 좌참찬이자 훈련대장이었던 신헌의 군무에 관한 상소였다.
이때 중요한 것은 '경병단조(京兵團操)', '장선향포(獎選鄕砲)' 두 가지라고 할 수 있었다.

9장
___
조선의 군사 대비

1860년 제2차 아편전쟁 당시 영불 연합군은 청의 수도 베이징을 점령하였다. 이 소식은 곧 조선에도 전해졌다. 당시 보고에 따르면 청 황제는 영불 연합군을 피해 열하로 피난을 떠난 후 여전히 베이징에 복귀하지 못하였으며, 영불 연합군은 원명원까지 약탈한 뒤였다.[1]

> 일전에 재자관의 수본(手本: 특별 긴급 보고)을 보니, 중국의 일이 정말로 너무나 걱정이 되는구려. 대저 천하를 장악한 거대(巨大)함으로도(거대한 나라로도) 오히려 적을 막아낼 수 없으니, 그 (양이(洋夷)의) 무력(武力)의 표한(驃悍)함은 가히 미루어 알 수 있소. 연경(燕京)은 우리에게는 순치(脣齒)나 같은 관계이니 연경이 위태로우면 우리나라라고 어찌 편안하겠는가? …… 대비책을 강구하지 않을 수 없는데 그대들은 어찌 생각하는가?[2]

---

1 『日省錄』, 철종 11년 12월 9일, '齋咨官金景遂以手本報備局'; 『철종실록』 12권, 철종 11년 12월 9일, '열하로 이필하여 환도하지 않은 황제에게 열하 무안사를 보내게 하다'.

2 『承政院日記』, 철종 11년 12월 10일, "日前見齋咨官手本, 則中國事誠萬萬憂憫. 夫以天下之大, 猶不能抵敵, 則其鋒銳之慓悍, 推可知也. 第念, 燕京之於我國, 卽脣齒之比也. 燕京若危, 則我國豈晏然乎?"(장보운, 「아편전쟁을 바라보는 조선의 다중 시

조선은 이 사건이 자칫 순망치한으로 이어질 수 있다고 바라보았다.[3] 따라서 조선은 이를 적극적으로 대비하고자 하였다. 특히 병인양요 이후로는 군비 강화에 박차를 가하였다. 이러한 군비 강화에 결정적인 방향을 제시한 것은 당시 좌참찬이자 훈련대장이었던 신헌의 군무에 관한 상소였다.[4] 이때 중요한 것은 '경병단조(京兵團操)', '장선향포(奬選鄕砲)' 두 가지라고 할 수 있었다.

> 첫째, 서울의 군사를 묶어서 훈련시키는 것입니다. 군사는 정예로운 것을 귀중히 여기고 많은 것을 귀하게 여기지 않습니다. 많으나 정예롭지 못한 것도 쓸모가 없는데, 숫자가 많지 않으면서 정예롭지도 못하다면 장차 어디에 쓰겠습니까? 현재 군졸들은 정상적인 대오가 없어서 오합지졸과 같고, 무기는 녹슬어 못 쓰게 되었으니 실로 적의 손에 군사를 넘겨준다는 한탄이 있게 되었습니다. 지금 군현(郡縣)에는 군사가 없는데 서울의 군영에 있는 군사조차 이 꼴입니다. 병지(兵志)에 이르기를, '적이 쳐들어오지 않으리라고 믿지 말고 내가 대비하고 있는 것을 믿으라'라고 하였습니다. 혹시라도 저들이 쳐들어온다면 무엇을 가지고 대적하겠습니까? 저도 모르게 한심스

선」, 『한국사상사학』 56, 2017, 120~121쪽 재인용)

3 장보운, 「아편전쟁을 바라보는 조선의 다중 시선」, 『한국사상사학』 56, 2017, 119~125쪽.

4 연갑수, 「병인양요 이후 수도권 방비의 강화」, 『서울학연구』 8, 1997, 69쪽.

럽습니다. 대체로 군사가 정예롭지 못하게 되는 것은 대오를 평소에 정해 놓지 않은 데에서 말미암는 것입니다. 이 때문에 병법(兵法)에서는 대오에 일정한 수가 있습니다. 나아가고 물러감에 반드시 함께하고 움직이고 정지할 때 서로 떨어지지 않으며 목소리와 얼굴이 익숙하고 뜻과 생각이 서로 부합되게 됩니다. 이것을 미루어 올라가서 장수에게까지 미친 다음에야 비로소 지휘를 뜻대로 할 수 있게 되는 것입니다. 이것은 오랜 시간이 지난 뒤에야 이루어지는 것이고 갑자기 마련할 수 있는 것이 아닙니다. 그러므로 병서에 이르기를, '많은 군사를 다스리는 것은 작은 군사를 다스리는 것과 같은 법이니, 숫자를 나누는 것이 이것이다'라고 하였습니다.

(중략)

신의 생각에는 빨리 변통하여 군제(軍制)를 바로잡기를 도모해야 한다고 봅니다. 협련군과 별파진을 대오에서 제외하여 별도 장령(將領)을 정하고 그 나머지 잡색군(雜色軍) 500명을 7색(色)에 분속(分屬)시켜서 대오에 뒤섞이지 않게 한다면, 정병이 단지 20초가 될 것입니다. 그러나 초의 수는 비록 줄어들었더라도 거의 군사들이 정예롭게 되어 절제를 할 수가 있을 것입니다.

신이 본국의 보군(步軍)들이 사사로이 연습하는 것을 보니, 초순에는 기예(技藝)를, 중순에는 진치는 법을, 하순에는 총쏘는 법을 연습하는 것이 규례입니다. 그러나 총쏘는 연습을 하지 않은 지 이미 오래되어 이른바 포수라고 하는 자들이 화약을 장착하는 법조차 모르고 있습니다. 중순에 시사(試射)하고 상을 줄 때에 이르러서는 한 발도

적중시키는 자가 없으면서 요식(料食)를 바라고 시상(施賞)해 줄 것을 외람되이 바라고 있습니다. 그러니 기예가 어떻게 정교해질 수 있겠습니까?

(중략)

현재 적을 무찌르는 도구로는 화기(火器)가 중요하니, 화약을 많이 만들어서 넉넉하게 비축해 두지 않을 수 없습니다. 그런데 화약을 만드는 데에는 본래 알맞은 절기가 있어서 입동(立冬) 뒤에서 우수(雨水) 전이 아니면 염초(焰硝)를 만들 수가 없고, 입하(立夏) 전이 아니면 두드려서 화약을 만들 수 없으니, 만약 그때를 놓치면 재료가 있어도 만들 수가 없습니다. 그러니 지금 의당 염초를 굽는 새로운 방법을 적은 책을 인출(印出)하여 열읍(列邑)에 나누어 보내어 그들로 하여금 스스로 만들게 한다면 모두 다 넉넉하게 비축할 수 있고 정밀하게 만들 수 있을 것입니다.

(중략)

둘째, 향포수(鄕砲手)를 선발하도록 장려하는 것입니다. 지금 기예가 정밀한 자를 보면 총수만 한 자가 없고 총수 가운데에서 정예롭기로는 또 서북 지방의 총수만 한 자가 없습니다. 이것은 방수하는 데에서 담이 커지고 사냥하는 데에서 기예가 정밀해진 것입니다. 변경 땅은 교화가 미치지 못하여 작록(爵祿)이 있는 자가 예로부터 드뭅니다. 이제 만약 늠료를 후하게 주고 영예로운 관직으로 얽어매어 출세할 수 있는 계제가 되게 한다면 거의 모두가 즐겨 달려올 것입니다. 그래야 설사 급한 경보가 있더라도 곧바로 징발할 수가 있을 것입니다. 그리고 본국으로 하여금 봄가을로 도시(都試)를 설행하여 각기 몇 사람씩을 뽑으며, 또 경찰(京察)에서 본 지방에 변장(邊將)을 차송(差送)하면 그들은 성공하여 고향으로 돌아가는 영광이 있게 되는 동시에 방수하는 데에 있어서도 또한 반드시 크게 보탬이 있을 것입니다.[5]

'경병단조(京兵團操)', 즉 서울을 지키는 병사를 묶어서 훈련해야 한다는 것이었다. 서울을 지키는 병사를 단지 서울에 주둔한 병사로 한정해서 볼 것인가는 좀 더 살펴봐야겠지만, 중요한 것은 대오를 갖추어 대응해야 한다는 주장이었다. 대오를 갖춘다는 것은 현재 군사적 표현을 빌리자면 임무에 따른 편제를 갖추고, 이 편제를 구성해야 한다는 뜻이다. 신헌은 보국(훈련도감)의 경우에도 잡색군(雜色軍)으로 편제에 따라 구성한다면 제대로 훈련할 수 있을 것이라고 주장하였다.

신헌은 이와 관련해 가장 필요한 훈련을 세 가지로 구분하였다. 그것은 기예(技藝), 포진(布陣), 포방(砲放)이었다. 특히 강조한 것은 '포방', 즉 총 쏘는 법이었다. 냉병기에서 열병기로 변화하던 무기 체계를 고려하면 당연한 것이라고 할 수 있었다. 신헌은 이러한 변화에 맞춰 총 쏘는 훈련을 강화하고, 총기를 제조 및 수선할 것을 건의하였다.

'장선향포(獎選鄉砲)'는 향포수를 선발하도록 장려한다는 것이었다. 군사적 측면에서 총 쏘기가 가장 중요한 만큼 이미 사

---

5 『고종실록』 4권, 고종 4년 1월 16일, '좌참찬 신관호가 상소문을 올려 군사 문제에 관한 6가지 조목을 진술하다'.

격에 숙달된 향포수를 선발하여 활용하는 것은 매우 유효적절
한 방안이었다. 신헌은 향포수 중에서도 서북 지방 포수만큼 뛰
어난 사람이 없기 때문에 이들을 적극적으로 선발해야 한다고
하였다.

　동시에 강화도에 대한 군비 강화가 추진되었다. 병인양요
때 종정경(宗正卿) 이장렴(李章濂)을 강화 유수에 임명하면서 강화
유수를 등단례에 따라 시행하도록 하였다.[6] 이는 강화 유수의
군사적 지위를 군영대장과 동등하게 한다는 것이었다.[7] 그 시
행은 통영의 외등단에 따르도록 했고, 군수물자를 마련하는 방
안 등은 묘당에서 논의하도록 하였다.[8] 이로써 진무영은 육조
및 수원 유수부, 광주 유수부와 같은 격의 정2품 아문으로 승격
되었다.[9]

　이러한 승격과 함께 강화도 방위 체계에도 근본적인 변화가
있었다. 원래 문신이 강화 유수와 진무사를 겸하도록 되어 있었
다. 그런데 통영과 같은 외등단례로 시행하도록 하면서 진무사
가 강화 유수와 삼도수군통어사(三道水軍統禦使)를 겸하는 형태로
바뀐 것이다. 여기에 진무사는 의정부 당상을 예겸하도록 했는

6　『고종실록』 3권, 고종 3년 9월 9일, '강화도의 외적을 막지 못한 것으로 유수와 중
　군을 교체하다'.

7　연갑수, 「병인양요 이후 수도권 방비의 강화」, 『서울학연구』 8, 1997, 72쪽.

8　『고종실록』 3권, 고종 3년 10월 16일, '강화 유수는 통영의 외등단의 규례대로 시
　행하라고 명하다'.

9　연갑수, 「병인양요 이후 수도권 방비의 강화」, 『서울학연구』 8, 1997, 72쪽.

데 이를 감하했고, 또한 경기 감사가 겸임하던 강화 유수 직함 역시 감하하면서 진무사로 하여금 강화도 방어에만 집중할 수 있도록 재편하였다.

신미양요 당시 어재연이 임명되었던 진무 중군은 진무사 바로 아래의 직책이었다. 이 직책 역시 진무사를 정2품으로 올리면서 함께 정3품에서 종2품으로 올라갔고, 임기 역시 2년으로 늘었다. 이러한 대우는 당시 조선의 주력이었던 훈련도감에 버금가는 것이었다. 여기에 진무사와 중군의 식솔을 강화도에 데리고 와서 함께 사는 것도 허락되었다.[10]

정리하면 강화 유수(종2품) – 경력(經歷, 종4품) – 분교관(分敎官), 검률(檢律, 종9품) 체제 아래에서 문신인 강화 유수가 진무사를 겸하는 형태였다. 따라서 진무사는 직제상 문신인 강화 유수 아래에 편성되어 있었다. 이것이 진무사(정2품) – 진무 중군(종2품) 체제의 무신인 진무사가 강화 유수(정2품) – 판관(判官)(종5품) – 분교관(分敎官), 검률(檢律)(종9품) 체제의 강화 유수를 겸하는 방식으로 바뀌었다.[11]

진무영은 숙종 4년(1678년) 강화도에 설치되었다. 이때 강화 유수가 진무사를 겸하였다.[12] 이후 각 영의 편제와 속읍의 정비를 거치며 진무영은 하나의 군영으로 자리 잡게 되었다. 이때

---

10 연갑수, 「병인양요 이후 수도권 방비의 강화」, 『서울학연구』 8, 1997, 73쪽.

11 연갑수, 「병인양요 이후 수도권 방비의 강화」, 『서울학연구』 8, 1997, 74쪽.

12 『숙종실록』 7권, 숙종 4년 10월 17일, '강화 유수로서 진무사를 겸하게 하다'.

진무영은 5개 영과 1개의 별중영으로 구성되었다. 여기에 경기·황해 인근의 속읍으로 편성된 4곳의 외영, 그리고 충청도 12개 읍이 포함된 해미의 별중영이 있었다. 이처럼 조선은 강화도를 중심으로 경기도와 황해도의 속읍을 진무영의 지휘 체계에 포함시켜 군비를 정비하였다.[13]

이후 교동의 삼도수군통어영을 강화로 이설해 진무영으로 하여금 지휘를 받도록 하였다. 이와 함께 교동과 영종에 방어영을 설치해 진무영에 협력토록 하였다. 이를 통해 강화도에는 진무영을 중심으로 부평, 연안, 통진, 풍덕 등에 다섯 개의 군영이 설치되었고, 그 외곽에는 영종과 교동의 방어영이 있었다.

진무영과 함께 강화도의 방어시설 역시 강화되었다. 그 중심에는 진·보·돈대와 외성, 그리고 내성이 있었다. 이때 강화도를 둘러싼 지형적 여건은 중요한 판단 요건이 되었다. 우선 강화도는 겨울에 유빙으로 인하여 배가 통과할 수 없었다. 두 번째로 강화도 해안에는 갯벌이 넓게 퍼져 있어서 평저선이어야 정박할 수 있었다. 마지막으로 성내 자원이 부족하였다. 조선은 이러한 문제점을 고려함과 동시에 작은 성을 품자형으로 쌓는 것보다 넓은 성을 하나로 쌓는 것이 유리하다고 판단하였다. 따라서 강화부성을 남산을 포함한 하나의 성으로 축조하기로

---

13 『효종실록』 14권, 효종 6년 1월 27일, '대신·비국의 신하들과 강화에 진을 설치하는 일과 노비 추쇄에 관해 의논하다'.

하였다.[14] 조선은 이와 함께 진보를 설치하였다. 진보는 효종 대 집중적으로 설치되고 복설되며 정비되어 18세기 초 13진보 체제가 완성되었다.[15] 당시 진의 책임자는 만호(종4품)이었고, 병조에서 임명하였다. 보의 책임자는 별장(종9품)으로 강화부에서 임명하였다.[16]

> 돈대의 제도는 산이 있는 곳은 산을 따라 城堞을 만들며, 평지에 성을 쌓는 경우에 있어서는 그 높이를 3丈으로 하고, 그 두께의 밑넓이는 3장 5척으로 하며, 面의 넓이를 2장 5척으로 한다. 성가퀴[堞]는 높이 6척, 두께 3척, 길이 9척으로 하고 전면에 砲穴 2, 좌우에 포혈 각 1로 하고, 주위를 4면 10間 기준으로 하되 그 지형에 따라 方形 또는 원형, 일직선 또는 ㄷ자형으로 하며 파수병이 많아야 할 긴요한 지역의 경우는 성의 제도를 알맞게 크게 한다.[17]

해안 요충지에는 진보와 함께 돈대가 설치되었다. 돈대는 조망이 좋은 곳(串)이나 구릉의 정상부 혹은 산지 사면 중턱 등에 축성되었다. 이때 축성 지역의 지형을 이용하였다. 형태는 주로 원형이나 방형이 일반적이었으나 일부 지역에서는 지형

---

14 이민웅, 「18세기 江華島 守備體制의 强化」, 『한국사론』 34, 1995, 38쪽.

15 이민웅, 「18세기 江華島 守備體制의 强化」, 『한국사론』 34, 1995, 39쪽.

16 송양섭, 「17세기 강화도 鎭堡의 운영과 屯田策의 추진」, 『한국사연구』 176, 2017, 136쪽.

17 『비변사등록』, 숙종 4년 11월 4일.

적 조건에 따라 부정형을 취하기도 하였다.[18] 강화도 동쪽에는 염하를 따라 18개소에 돈대가 설치되었다. 강화도 북쪽에는 조강과 한강 하구를 따라 13개소, 서쪽 해안에는 석모수로를 따라 13개소 그리고 강화도 남쪽 해안으로는 총 10개소에 돈대가 축조되었다.[19]

강화 외성은 진보, 돈대 등의 방화 거점 사이에 있는 공간을 방비하기 위해 축조되었다. 이 때문에 숙종 대에는 돈대를 정비하면서 외성도 함께 정비하였다.[20] 강화 외성은 숙종 18년(1692년) 완공되었다.[21] 휴암돈에서 초지돈까지 43리 290보에 이르는 거리에 축조된 강화 외성은 토성으로 타 4,740첩, 문루 5개소, 암문 6개소, 수문 17개소를 갖춘 장성이었다.[22] 이후 강화 외성의 개보수가 여러 차례 이뤄졌다. 이 과정에서 토성 일부를 허물고 그 위에 적성을 쌓았다. 적성이 무너지면 그 구간은 석성으로 보완하였다.[23]

18 심승구, 「강화해양관방유적의 현황과 세계유산적 가치」, 『강화해양관방유적의 세계유산적 가치와 보존 방안』, 2016, 16~19쪽.

19 정민섭, 「17~18세기 경기도 일대 돈대의 입지와 구조적 특징」, 『인천학연구』 28, 2018, 85~86쪽.

20 『숙종실록』 22권, 숙종 16년 9월 27일, '강화도 부성, 이봉징의 상소 《실록》 및 정중만에 대해 신하들과 논하다'.

21 『숙종실록』 22권, 숙종 18년 5월 16일, '대신들과 비국의 재상들을 인견하여, 영종도에 진을 설치하는 일 등을 논의하다'.

22 『輿地圖書』 江都府志, 江華, 城池, 外城.

23 이강근, 「조선후기 강화 지역 築城役에 대한 연구」, 『서울학연구』 51, 2013, 76쪽.

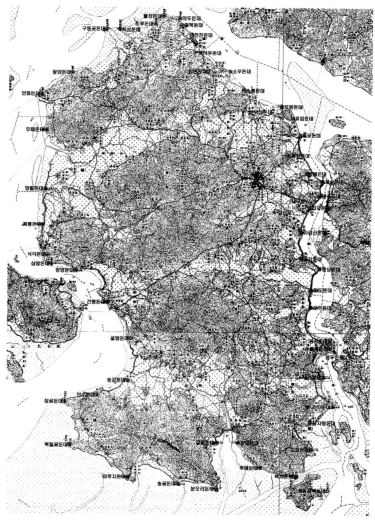

▲ 강화도와 염하 주변 관방시설 배치[24]

---

24 정민섭, 「17~18세기 경기도 일대 돈대의 입지와 구조적 특징」, 『인천학연구』 28,
2018, 87쪽.

강화 내성은 당초 석성이었으나 병자호란 당시 허물어져 숙종 대 보수가 이루어졌다.[25] 보수가 마무리된 시점은 1711년이었다.[26] 보수를 진행하며 강화부성을 확장하여 쌓은 결과 강화 내성은 둘레 1,658보에서 둘레 15리 343보에 타 1,813첩을 설치한 성으로 변화되었다. 원래 동, 서, 남 3곳에 문루가 있었는데, 개축 당시 문루 3개소, 암문 5개소, 수문 2개소, 성랑 9개소 등으로 확장 보완하였다.[27] 이때 동문루는 망한루, 남문루는 안파루, 서문루는 첨화루라고 명명하였다.[28]

강화도의 각 진·보에는 다양한 무기가 비치되었다.[29] 『강도지』에 의하면 강화도의 진·보는 대조총, 소조총, 승자총통, 차승자총통, 홍자총통, 사전총통과 같은 소형 화기로부터 천·지·현·황자총통, 불랑기, 대포, 완구, 철신포, 백자총통, 호준포와 같은 중·대형 화포에 이르기까지 다양한 종류의 화기를 갖추고 있었다.

신미양요가 일어났던 진을 중심으로 살펴보면 초지진에는 화약 1,758근, 대조총 60자루, 소조총 182자루, 각궁 155장, 교자궁 145장, 목궁 40장, 대포 1좌, 천자포 2좌, 지자포 1좌, 현자포 3좌, 황자포 2좌, 소소별황자포·홍자포·대완구 1좌, 중완구 2좌,

25 『숙종실록』46권, 숙종 34년 11월 20일, '강화도에 축성하는 문제가 논의되다'.

26 이강근, 「조선후기 강화 지역 築城役에 대한 연구」, 『서울학연구』51, 2013, 73~74쪽.

27 『輿地圖書』, 江都府志, 江華, 城池, 內城.

28 『輿地圖書』, 『續修增補江都志』, 1832.

29 『강도지』하, 군기.

소소완구 37좌, 2호, 3호, 4호, 5호 불랑기·당대백자포 1좌, 사전
총통 2좌, 지포-현자 10좌가 있었다.

덕진진은 화약 2,250근, 대조총 50자루, 소조총 338자루, 각
궁 117장, 교자궁 83장, 대포 2좌, 현자포 8좌, 황자포 2좌, 별황
자포 3좌, 소소별황자·대완구 1좌, 중완구 2좌, 소소완구 37좌,
4호 불랑기 9좌, 5호 불랑기·호준포 10좌, 소백자포·진천뢰 1좌
를 갖추었다.

광성보의 경우 화약이 2,616근, 대조총 10자루, 소조총 248
자루, 각궁 92장, 교자궁 107장, 대포 2좌, 천자포 3좌, 지자포 1
좌, 현자포 16좌, 황자포 3좌, 별황자포 3좌, 대완구 1좌, 중완구
2좌, 소소완구 37좌, 4호 불랑기 9좌, 5호 불랑기·당대백자포 1
좌, 홍자총통·승자포 2좌, 호준포 8좌, 소소별황자·4호 불랑기
가 8좌였다.

1854년 강화부의 각 진보와 돈대 등 군사 시설의 무기 현황
을 정리한 『江華府 府上各鎭堡上各墩臺上 各樣軍器雜物數目』를 살펴
보면 병인양요 직전의 구체적인 군비 실태를 파악할 수 있다.[30]

강화의 진·보·돈대 등에 비치된 무기류의 특징을 정리해보
면 다음과 같다. 먼저 조선 초기부터 중기에 이르기까지 널리
활용되었던 대형 화포는 후기에도 계속 사용되었다. 특히 총통
은 강화도의 진보에도 177좌가 설치되었다. 두 번째 특징은 불

---

30 박제광, 「강화해양 관방체제의 무기 체제와 방어전력 : 돈대를 중심으로」, 『19세
기 서구열강의 침입과 강화해양관방체제』, 2018, 25쪽.

랑기[31]가 임진왜란 이후 본격적으로 도입되어 군영에서 널리 활용되었다는 점이다. 강화도의 각 진보에는 불랑기 124좌, 돈대에는 불랑기 409좌가 설치되었다.[32] 또 『만기요람』의 군정편에 기술된 각 진영의 화기 현황에서도 불랑기가 확인되어 조선군의 주력 화포였음을 보여준다.

세 번째로 다양한 종류의 조총이 사용되었음을 알 수 있다. 조선에서는 양란 이후 조총 개발이 활발히 이뤄졌고, 강화도를 비롯한 주요 관방 시설에도 조총이 대량으로 배치되었다.[33] 또한 『만기요람』의 군기 현황을 살펴보면 조총 외에도 다양한 총포류의 존재를 확인할 수 있다.[34]

---

31 『화기도감의궤』불랑기조.「四號五十位 每位重九十斤 長三尺一寸七分 周營造尺 他同 子砲五門式 二百五十門 每門重十二斤 中藥線半條 火藥三兩 鐵丸一個」

32 『강도지』에 의하면 진보에는 1호 불랑기 6, 2호 불랑기 6좌, 3호 불랑기 12좌, 4호 불랑기 52좌, 5호 불랑기 38좌가 비치되어 있었다. 『江華府 府上各鎭堡上各墩臺上 各樣軍器雜物數目』에 따르면 돈대에 불랑기 4호가 298좌, 5호 111좌가 설치되어 있었다.

33 1664년 당시 강화도의 총포 수는 조총 674자루, 대완구·대포·중포 65문, 소완구 30문, 호준포 37문 등이고, 제물포, 초지진, 광성진, 월곶, 승천부, 사각, 연화보 등에 배치된 총포의 수는 대조총 584자루, 소조총 2,159자루, 대포 179문, 진천뢰 63좌, 남만대포 12좌, 불랑기 244좌 등이다. 그리고 강화도 인근의 서해 지방에도 조총 3,417자루와 각종 포 132문이 배치되었다.

34 行用銃, 別鳥銃, 長鳥銃, 大鳥銃, 銅絲大鳥銃, 黑骨鳥銃, 千步銃, 馬上銃, 中長鳥銃, 倭鳥銃, 胡別鳥銃, 三合銃 등 다양한 형태의 조총이 보여진다.

이 서신을 통해 이양선의 진로는 분명해졌다.
이양선은 한강을 거슬러 올라오고 있었다.
한강을 거슬러 올라와 갈 수 있는 곳은 단 하나밖에 없었다.
바로 서울이었다. 이양선이 굳이 한강을 거슬러 올라오는 이유는
조선 정부의 고관을 만나겠다는 것이었다.

10장

어디서 온 누구요

5월 24일(음력 4월 6일) 조선 조정에 수원 유수 신석희의 보고가 도착하였다. 수원 유수는 '이달 3일(양력 5월 21일) 유시쯤 이양선 5척이 풍도의 뒷바다 북쪽 남양 경계에 정박'[1]했다고 보고하였다. 수원 경내에 이양선이 출현했다는 소식이었다. 문제는 이들이 어디서 온 누구인지 모른다는 점이었다. 만일 이들이 풍랑을 헤치며 어렵고 위험한 고비에서 헤매는 상황이라면 응당 불쌍히 여겨 돌봐줘야 하였다. 그러나 만일 이들이 호의를 품지 않고 와서 함부로 우리 백성을 멸시하고 학대한다면 강력하게 대응할 필요가 있었다. 더욱이 이양선이 정박한 위치는 강화도와 인접한 곳이었다.

풍도는 현재 화성시와 당진시 사이에 위치한 섬이다. 그리고 행정구역상으로는 안산시에 속한다. 풍도에서 강화도 초지진까지 거리는 약 60km였다.

"서양 배는 미친개처럼 빨리 왔다가 빨리 달아나므로

---

1 『고종실록』 8권, 고종 8년 4월 6일, '수원 유수 신석희가 풍도와 배리도에 이양선이 나타났음을 보고하다'.

내막을 헤아릴 수 없습니다. 연해의 요충지인 강화부의 한 구역으로 말하면 실로 서울의 목구멍과 같은 길목입니다."[2]

풍도에서 강화까지는 곧 도달할 수 있는 거리였다. 특히 '황당선', '미친개'라고도 불리던 이양선의 속도라면 한나절이면 충분하였다. 더욱이 강화부는 말 그대로 서울의 인후부에 해당하였기에 문제가 더욱 심각하였다. 만일 이양선이 호의를 품고 접근한 것이 아니라면 시급히 대응할 필요가 있었다. 그러므로 우선 이들이 어디서 온 누구인지 문정을 통해 확인하는 것이 중요하였다.

수원 유수의 보고가 들어온 다음 날인 5월 25일(음력 4월 7일) 영종 방어사가 '오늘 미시에 (풍도의 뒷바다 북쪽 남양 경계에 있던) 이양선이 닻을 올리고 곧바로 팔미도 동남쪽 남양 경계의 연흥도 앞나루 방향으로 내려갔는데, 먼지바람에 가려 어느 곳에 정박하였는지 알 수 없습니다'라고 보고하였다.[3] 연흥도는 영종도 바로 아래에 있는 섬이었다. 이로써 이양선이 한강 입구로 접근한다는 것이 분명해졌다.

영종 방어사는 5월 26일(음력 4월 8일) 행방이 묘연하였던 이

<hr>

2   『고종실록』 3권, 고종 3년 9월 29일 '영중추부사 정원용 등이 이인기와 이용회에게 사형죄를 적용하도록 차자를 올리다'.

3   『고종실록』 8권, 고종 8년 4월 7일, '영종 방어사는 이양선이 연흥도 앞바다에 정박했음을 보고하다'.

양선의 동향을 다시 파악하여 보고하였다. '오늘 오시쯤 이양선에서 작은 배 4척이 나와 동쪽과 서쪽의 물 깊이를 재게 하였는데 무슨 목적인지 알 수 없습니다. 그리고 본영 관할 구역 마지막 경계인 물치도[4]의 뒷바다를 지나 부평 경계에 정박하였습니다. 본영과의 거리는 7리입니다.'[5] 이제 염하 입구에 위치한 초지진과 이양선의 거리는 15km에 불과하였다. 이양선 위에서 초지진이 보이는 거리까지 다가온 셈이었다.

이제 이양선의 북상을 더는 두고 볼 수만은 없는 상황이었다. 조선은 우선 그들의 정체를 확인하려 하였다. 이를 위해 이양선이 머물고 있는 해역을 관할하는 화량 첨사가 문정을 시도하였다. 화량 첨사는 그들이 어디서 온 누구인지 알아보기 위해 이양선에 접근하였다. 하지만 바람이 많이 불어 화량 첨사가 탄 배는 제부도로 물러날 수밖에 없었다. 이때 이양선에서 작은 배 3척이 나왔다. 화량 첨사는 그들을 향해 손을 흔들었다. 다행히 그들이 알아보고 다가왔다. 화량 첨사는 그들에게 문정을 시도하였다. 처음에는 글을 써서 '너희들은 어느 나라 사람이며, 무슨 일로 여기에 왔는가?'라고 물어보았다. 하지만 그들은 웃으

---

4 『고종실록』 8권, 고종 8년 4월 8일 정묘, '영종 방어사가 이양선이 바닷물 깊이를 재고 있었음을 보고하다'의 원문에는 '勿溜島'로 되어 있다. 하지만 이것은 '勿淄島'에서 '淄'를 '溜'로 잘못 기록한 것으로 보여진다. 여기서는 물치도라고 정정하였다.

5 『고종실록』 8권, 고종 8년 4월 8일, '영종 방어사가 이양선이 바닷물 깊이를 재고 있었음을 보고하다'.

며 고개를 끄덕일 뿐이었다. 그래서 화량 첨사는 다시 '언제 우리나라에 왔고, 배는 몇 척인가?' 물었다. 그러자 그들은 서양 글자를 써서 보여주었다. 하지만 화량 첨사 역시 이를 알아볼 수 없었다. 결국 문정은 별다른 성과 없이 끝났다.

그렇지만 화량 첨사는 문정하면서 관찰한 내용을 자세히 보고하였다. 화량 첨사는 그들의 생김새를 '얼굴 모양은 눈이 움푹하고 콧마루는 높으며 눈썹과 머리털은 누르스름하였고 옷은 모두 검은 색깔로 확실히 서양 사람'이라고 묘사하였다.[6] 이러한 사실은 신속하게 서울로 보고되었다.

5월 27일(음력 4월 9일) 화량 첨사는 재차 문정을 시도하였다. 이번에는 남양 부사도 함께하였다. 하지만 이번에도 이양선에는 도달할 수 없었다. 지난번처럼 바람이 사납게 불었기 때문이었다. 결국 화량 첨사는 남양 부사와 함께 뭍으로 돌아올 수밖에 없었다. 이때 이양선에서 작은 배 3척이 나와 바람을 무릅쓰고 따라왔다. 화량 첨사 등이 배에 다가가서 살펴볼 때 배에서 3명이 내렸다. 배에서 내린 3명 중 한 명의 외모가 우리나라 사람과 같아 그에게 글을 써서 보여주니, 그는 우리말로 답하기를 글을 모르기에 글로써 문답을 나눌 수는 없다고 하였다. 그래서 화량 첨사 일행은 그와 우리말로 문답을 나누었다.

---

6 『고종실록』8권, 고종 8년 4월 8일, '경기 감사 박영보가 이양선의 상황과 서양인의 모습을 보고하다'.

화량 첨사는 그에게 이양선이 우리나라에 온 목적과 함대의 규모 그리고 언제 돌아가는지 등을 물었다. 그가 답하기를 '장사하러 여기에 왔으니 사람을 죽이는 사단은 전혀 없을 것이며, 배는 5척이고, 며칠 내에 북쪽으로 갈 것이다'라고 하였다. 그는 대답과 함께 식량을 살 수 있는지 물었고, 남양 부사는 그럴 수 없다고 답변하였다. 마지막으로 그는 편지 한 통을 전달하였다. 편지 내용은 다음과 같았다.

> 회답을 올립니다. 어제 영업선에서 편지를 받아보니 "우리가 어느 나라 사람이며, 여기에 온 것은 무슨 일 때문이냐?"라고 하였고, "여기에 온 경위를 알아보았으면 좋겠다"라는 등의 내용이었는데, 이미 이 문제 등을 우리 흠차대인과 제독대인에게 편지로 알렸고, 회답을 해주도록 허락을 받았습니다. 이 배는 대아메리카합중국 즉, 대미국의 배이며, 여기에 온 것은 우리 흠차대인이 조선의 높은 관리와 협상할 문제가 있기 때문입니다. 조약을 체결하려면 아직도 날짜가 필요하므로 우리 배는 이 바다 한 지역에서 정박하고 있으면서 조약이 체결되기를 기다렸다가 돌아가겠습니다. 배에 머물러 있는 두 대인은 다 잘 있습니다.[7]

하지만 이양선은 편지 내용과 달리 한 곳에 머물지 않고 염

---

7 『고종실록』 8권, 고종 8년 4월 9일, '이양선에서 남양부로 편지를 보내다'.

하를 향해 계속 올라왔다. 경기 감사의 보고에 따르면 이양선은 작은 배 4척을 보내 인천과 안산 경계에서 수심을 재는 한편, 저녁에는 5척 모두 부평 경계의 호도 앞바다까지 올라와서 정박하고 있었다. 경기 감사는 이양선에 대해서도 자세히 보고하였다. 보고에 따르면 5척 중 2척은 돛이 2개 달린 배이며, 3척은 돛이 3개 달린 배였다. 경기 감사는 그중 돛이 세 개 달린 배가 가장 큰 배라고 하였다.[8] 이에 조선 정부는 보다 정확한 사정을 파악하고자 사람을 보내기로 결정하였다.[9]

조선 정부에서 보낸 사람은 사역원에 소속된 역관으로서 의주 사람들이었다. 그들은 문정관과 함께 가장 큰 배에 올라 문정하였다. 이때 의주 역관은 배를 살펴보고 보고하기를 '내부는 4층으로 만들고 층마다 15칸으로 되어 있으며 높이는 4장이나 된다'라고 하였다.[10]

인천 수령에게 회답을 올리니 개봉해볼 것입니다. 얼마 전에 물어온 편지를 받아보니, 우리나라 배가 경내에 들어온 까닭을 물으려 한다고 하였으므로 우리 군주가 흠차

---

8 『고종실록』8권, 고종 8년 4월 10일, '이양선이 인천과 안산 경계에서 수심을 재고 있다는 보고를 받다'.

9 『고종실록』8권, 고종 8년 4월 10일 '남양부 앞바다에 이양선이 정박한 이유를 알기 위해 통역관을 보내기로 하다'.

10 『고종실록』8권, 고종 8년 4월 10일, '이양선이 인천과 안산 경계에서 수심을 재고 있다는 보고를 받다'.

(欽差)한 대인과 제독에게 이미 올려 보냈습니다. 그리하여 군주가 파견한 관리의 명령을 받고 회답합니다. 이 배는 우리 군주가 흠차한 대인을 태우고 와서 귀 조정과 중요한 문제를 협상하려고 합니다. 군주가 흠차한 우리 관리는 귀 조정에서 반드시 높은 관리를 파견하여 함께 토의하리라고 깊이 믿고 있으므로 특별히 파견하는 높은 관리가 오기를 기다려서 군주가 파견한 우리 관리가 마음속에 품고 있는 것을 말하려고 생각하였습니다. 그리하여 지금 여러 날 동안 배를 머물러두고 귀 조정에서 무슨 소식이 있기를 기다리고 있습니다. 일간에 모선에 딸린 배들을 위쪽으로 올려 보내어 시험 삼아 바다의 형세를 조사하여 큰 배가 올라갈 수 있겠는가를 판단하는 데 편의를 보려고 합니다. 바닷가의 백성들에게 알려주어 놀라지 않게 하며 피차간에 예의로써 서로 대우하고 절대로 해칠 생각을 가지지 않게 하며 사단이 생기지 않도록 하기를 아울러 바라는 바입니다. 이렇게 회답합니다.[11]

이양선은 한강을 거슬러 올라오고 있었다. 한강을 거슬러 올라와 갈 수 있는 곳은 단 하나밖에 없었다. 바로 서울이었다. 이양선이 굳이 한강을 거슬러 올라오는 이유는 조선 정부의 고관을 만나겠다는 것이었다.

5월 30일(음력 4월 12일) 이양선의 크기에 대한 보다 자세한 보

---

11 『고종실록』 8권, 고종 8년 4월 10일, '이양선이 인천과 안산 경계에서 수심을 재고 있다는 보고를 받다'.

고가 영종 방어사로부터 올라왔다. '오늘 미시(未時)쯤에 양선(洋船) 5척(隻)이 일제히 닻을 올리고 올라왔는데, 본영(本營) 경계를 지날 때에 자세히 살펴보니 맨 앞에 선 돛이 2개인 범선(二帆船) 한 척은 길이가 거의 40파(把)[12]에 가까웠고 그 다음의 이범선은 전날 다니던 배였으며 세 번째의 삼범선은 길이가 50파에 가까울 듯하였으며, 물위로 드러난 좌우 삼판(杉板)의 높이는 4장(丈)[13]가량 되었습니다. 네 번째의 범선은 돛이 세 개이며, 세 번째의 돛이 3개인 범선과 거의 같았으며, 다섯 번째의 돛이 3개인 범선은 길이와 물위에 드러난 높이가 네 번째 배보다 약간 길고 높았는데, 배 위에 오가는 사람들이 늘어서서 그 길이를 자세히 살필 수 없었습니다. 배의 돛 사이에는 층층으로 깃발과 북을 매달았는데 바람에 흔들거렸습니다.'[14] 영종 방어사는 배 위에 서 있는 사람을 기준 삼아 이양선의 크기를 나름 정확하게 측량하였다.

　　호도에서 초지진까지는 말 그대로 지척이었다. 자칫 병인년의 일이 되풀이될지도 모르는 상황이었다. 병인년 당시 법국(프랑스) 군함이 한강을 거슬러 올라와 도성 앞까지 도달한 적이 있

12　조선시대에는 영조척(營造尺) 5촌 길이를 양강척(量缸尺) 1척으로 하고, 양강척 10척 길이를 1파라고 부르기도 하였다. 이때의 1파 길이는 1.561m였다. 이는 배의 크기를 정밀하게 측정, 검사하여 낙인(烙印)하는 데만 쓰인 길이의 단위이다(한국민족문화대백과사전).

13　장(丈) = 10자[尺] = 3.03m.

14　『고종실록』 8권, 고종 8년 4월 12일, '이양선 5척이 호도 앞바다에 닻을 내리다'.

었다. 이번에도 충분히 그러한 일이 벌어질 수 있었다. 조선 정부는 만일의 상황에 대비하지 않을 수 없었다.

광성보를 점령한 미군은 조선군의 '수자기'를 내리고 자국의 '성조기'를 게양한 후,
덕진진과 마찬가지로 광성보 일대의 군 구조물을 철저히 파괴하였다.
이후 미군은 광성보 일대에서 숙영한 후 12일 아침 조선군 부상자와 함께
함대로 철수하였다. 미 함대는 작약도 일대에서 별다른 군사적 행동 없이 머물며,
해변가에 세운 장대에 서신을 매달아 놓는 식으로 조선 정부와 교섭을 지속하였다.

11장
———

미군의 강화도
침공 과정

일본 나가사키에 집결한 미 함대는 5월 16일 조선으로 출발하였다. 미군은 기상 악화에도 불구하고 피해 없이 23일 강화도 인근의 입파도에 도착하였다. 30일에는 조선 관리와 최초로 접촉이 이뤄졌지만 미국 측이 조선 관리의 직위를 문제 삼으며 교섭을 거부하여 별다른 소득 없이 종료되었다. 미 함대는 군사 행동을 위한 사전 작업으로 입파도에 도착한 직후인 5월 24일부터 조선 연안을 조사하기 시작하였다. 미군의 주력함인 콜로라도호 등이 해안에 접근하려면 조선 근해에 관한 정확한 해도가 필요했기 때문이었다. 해도가 완성되기 전까지 모노카시호와 팔로스호를 제외한 나머지 군함은 비교적 수심이 깊은 작약도 인근에서 대기하였다.

모노카시호 등은 병인양요 당시 프랑스군이 작성한 해도를 근거로 탐측을 시작하여 6월 1일에는 강화해협 일대에 도달하였다. 이 과정에서 강화도 손돌목 돈대를 지키던 병력과 교전이 벌어졌다. 미군은 10일 내로 미 함대를 공격한 것에 대해 사과하라고 조선 정부에 요구하였다. 조선 정부는 공식적인 허가 없이 강화해협에 미함대가 진입한 것부터 엄연한 범죄라고 주장

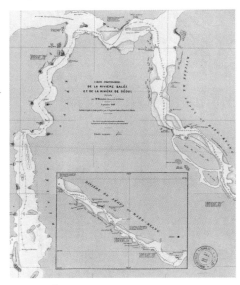

▲ 로즈 지도[1]

하며 사과를 거부하였다.[2] 하지만 미국은 이를 빌미로 강화도 손돌목 돈대 등에 대한 군사적 보복을 결정하고 실행에 옮기게 되었다.[3]

미군은 6월 10일 보복을 개시하는 것으로 결정하고 계획을 수립하였다. 전체 작전 소요 시간은 미군 상륙부대의 작전 능력과 조선군의 예상 전력을 고려하여 22시간 후인 다음 밀물 때까지로 결정하였다.[4] 이를 기준으로 상륙부대는 이틀치 식량만을 배급받았다. 개인당 지급되는 탄약도 100발뿐이었다. 별도의 보급부대가 없는 상태에서 개인에게 너무 많은 보급품을 분배할 경우에는 그 무게와 부피로 인해 이동 및 전투 시 문제가 될 수 있

1   Carte provisoire de la rivière Salée et da la rivière de Séoul, dressée par M. Humann, lieutenant devaisseau. Septembre 1866. Wikimedia Commons.

2   『고종실록』 8권, 고종 8년 4월 17일. '대원군이 이양선에 글을 보냈고, 미주제독 대리가 회답하다'.

3   E. M. Cable, *United States-Korean Relations, 1866~1871* (Seoul : Literary Department of the Chosen Christian College, 1939), p. 75.

4   Orders to Commander H. C. Blake, United States Steamer Colorado, (1st rode), Flag-Ship of the Asiatic Fleet, Isle Boissée Anchorage, Corea, June 9, 1871.

었기 때문에 작전 소요 시간에 맞춰 물자를 적절히 보급하는 것이 매우 중요하였다.

최소한의 전투 물자만을 소지한 미군은 6월 10일 오전 10시 공격을 개시하였다. 상륙부대를 지휘하는 블레이크 중령은 예상치 못한 조선군의 배치와 강화도 해안의 지형적 특성을 고려하여 상륙 직전 상륙 지점을 변경하였다. 이로 인해 강화도 상륙은 12:30부터 시작되었다. 미군은 상륙하는 과정에서도 많은 어려움에 봉착하였다. 가장 큰 문제는 넓게 펼쳐진 갯벌을 극복하는 것이었다. 미군은 허리까지 빠지는 갯벌을 겨우 극복하여 초지진 인근까지 접근할 수 있었다.[5]

상륙 과정에서 가장 문제가 된 것은 상륙부대를 직접 지원하기 위해 편성한 포병대였다. 상륙부대에 포함될 예정이었던 야포 중에 경포의 경우 이를 적재한 팔로스호가 상륙을 지원하던 도중 조류에 밀려 좌초되면서 하선에 실패하였고, 결국 모노사키호에 적재하였던 야포만을 하선할 수 있었다. 그러나 하선에 성공한 야포 역시 중량으로 인해서 갯벌에 빠지게 되었다. 결국 보병중대와 해병중대를 동원하여 야포를 해체해 각 부품을 개별적으로 운반하게 되었다. 이로 인해 상륙 시간이 상당히 지연되었고, 미군은 16:30에야 교두보를 확보하였다.[6] 설상가상

5　Report of Commander H. C. Blake, United States Steamer Alaska, (3d rate), Isle Boisee, June 17, 1871.

6　Report of Commander H. C. Blake, United States Steamer Alaska, (3d rate), Isle Boisee, June 17, 1871. 그러나 지상에서 지휘하였던 Winfield Scott Schley

으로 상륙부대를 지원하기로 되어 있던 팔로스호는 파손이 심각하여 더 이상 상륙부대를 직접 지원할 수 없게 되었다. 이후 팔로스호는 강화해협 밖에서 상륙부대가 철수할 때까지 대기하게 되었다. 이로써 미 상륙부대를 직접 지원하는 포함은 모노카시호만 남았다. 결국 미군은 예비함이 없는 상태에서 작전을 수행하게 되었다.

미군의 강화도 침공 작전은 군사교범에 제시된 내용을 그대로 준용하였다.[7] 우선 함포 사격을 통해서 최대한 조선군의 전력을 약화시킨 후 보병이 공격하여 점령하는 형태였다. 공격 목표는 조선군이 초지진에서 손돌목 돈대까지 이어지는 해안에 구축한 3개의 해안 진지였다. 미군은 이곳을 파괴함으로써 조선에 보복하고 자신들의 군사적 우위를 보여줌과 동시에 미 함대가 강화해협을 따라 북상할 수 있는 여건을 조성하려 하였다. 최초 목표는 강화해협 남단에 위치한 초지진이었다. 상륙 작전 중 모노카시호는 초지진을 함포로 사격하여 상륙부대를 엄호하였다.[8] 그러나 초지진을 방어하고 있던 조

의 경우에는 12:30에 상륙을 시작하여 16:30에 상륙이 완료된 것으로 기록하였다(Report of Lieutenant Commander W. Scott Schley, United States Steamer Benicia, (3d rate), Isle Boissée, Corea, June 14, 1871).

7 *INFANTRY TACTICS, U.S. ARMY.* Vol. II (New York, 1862). 당시 미군은 남북전쟁까지의 경험을 통해서 포병과 보병을 통합하여 운용하는 전술체계를 확립한 상태였다.

8 Report of Commander L. A. Kimberly, United States Steamer Benicia, (3rd rate), Boisee Anchorage, June 15, 1871.

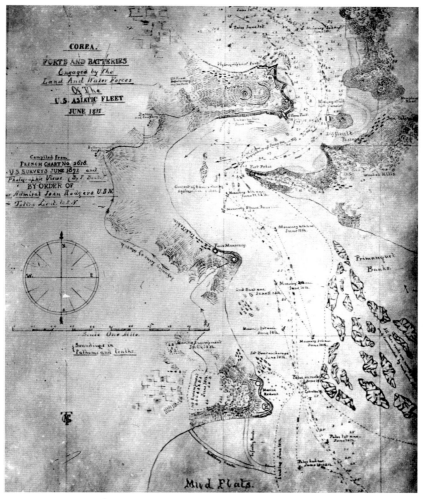

▲ 미군의 강화도 침공 루트[9]

---

9 Chart of the forts and batteries engaged by the land and water forces of the U.S. Asiatic Fleet, June 1871. Han River, Korea. U.S. Navy Phtograph NH63675 Korean expedition, 1871, Photographic Section, Naval History and Heritage Command.

선군은 이미 철수한 상태였다.[10] 상륙부대는 초지진을 별다른 피해 없이 점령했지만 상륙 과정에서 시간이 너무 지체되었기 때문에 더 이상의 공격은 무리라고 판단하고 초지진 일대에 진지를 편성하여 숙영에 들어갔다.[11] 최초 22시간으로 예상되었던 작전계획은 이미 상륙이 늦어지며 좌절되었지만, 미군은 아직 목적을 달성하지 못한 상태였다. 아직 보급품에 약간의 여유가 있던 미군은 계속해서 공격하기로 결정하였다.[12]

자정을 전후하여 전초로 나가 있던 해병대 틸튼 중대는 조선군의 기습을 받았다.[13] 새벽 2시경 다시 조선군의 기습으로 보이는 총격이 있었지만 확인 결과 오인사격으로 밝혀졌다.[14] 미군의 효과적인 대처로 별다른 피해는 없었지만, 조선군의 기습은 미 상륙부대로 하여금 계속 긴장을 늦출 수 없게 만들었다. 야간에 제대로 휴식하지 못한 상륙부대원의 피로는 계속 누적되었다. 일선 지휘관은 이에 대한 심각한 우려를 표시하였

10 『고종실록』 8권, 고종 8년 6월 1일, '싸움에 나갔던 장수와 군사들의 공로를 평가하여 표창하게 하다'.

11 Report of Commander L. A. Kimberly, United States Steamer Benicia, (3rd rate), Boisée Anchorage, June 15, 1871.

12 Winfield Scott Schley, *Forty-Five Years Under on flag* (New York: D. Appleton and Company, 1904), p. 91.

13 *Marine Amphibious Landing In Korea, 1871* (Washington, DC: Naval Historical Foundation Publication, 1966), p. 19.

14 Report of Lieutenant Commander Silas Casey, United States Flagship Colorado, (1st rate), Off Boisée Island, Corea, June 16, 1871.

다.[15] 하지만 미 함대에도 남아 있는 병력이 없었기 때문에 이들을 교체할 수 있는 예비대를 편성하지 못하는 상황이었다. 따라서 미 상륙부대 야간 작전 회의 시 제시된 주안점은 조선군 진지를 공격할 때 함포와 포병을 적극적으로 활용하는 것이었다.[16] 이를 통해 병력의 피로를 줄이고 손실을 최소화하고자 하였다.

6월 11일 오전 5시 공격이 재개되었다. 상륙부대에게는 가용시간이 얼마 없었다. 애초에 22시간 작전으로 계획되었기 때문에 장기간 공세를 유지하기에는 물자가 부족하였다. 그렇다고 추가적인 보급을 요구할 수도 없는 상황이었다. 보급을 위해서는 함선이 강화해협 내로 들어와 접안해야 했지만 이것이 가능한 모노카시호는 함포로 상륙부대를 직접 지원하는 중이었고, 팔로스호는 상륙을 지원하던 도중 파손된 상태였다. 다른 선박은 흘수 문제로 인해 아직 해도가 완성되지 않은 상태에서는 강화해협 안으로 진입하기 어려웠다. 이런 이유로 인해 상륙부대에 대한 추가적인 보급은 불가능하였다. 따라서 상륙부대는 자체 능력만으로 계속 임무를 수행해야만 했다. 상륙부대의 가장 우선적인 임무는 어제 점령한 초지진을 파괴하는 것이었다. 미 함대가 안전하게 해협을 이용하기 위해서는 이른바

---

15 Report of Commander L. A. Kimberly, United States Steamer Benicia, (3rd rate), Boisée Anchorage, June 15, 1871.

16 Winfield Scott Schley, *Forty-Five Years Under on flag*, p. 91.

'Roze Roads' 인근에 위치한 조선군 방어 시설을 완전히 파괴할 필요가 있었다. 미군은 이를 위해 초지진 내에 있는 화기뿐만 아니라 성벽까지 파괴하였다.[17]

초지진 파괴 이후 미 상륙부대는 북진을 계속하여 덕진진으로 향하였다. 덕진진까지의 거리는 약 2km에 불과하였지만 05:30분에 출발한 미군은 07:15분에 도착하였다.[18] 통상적인 보병의 이동 속도를 고려하면 약 3배 이상의 시간이 소요된 것이다.[19] 역시 주요 원인은 상륙 당시에도 문제가 되었던 포병대 때문이었다. 포병대가 원활히 이동하기 위해서는 최소한 수레 정도가 다닐 수 있는 길이 필요했다. 그러나 도로 자체가 없는 경우도 있었고, 도로가 있더라도 조선의 내륙에 대한 정보가 미흡했던 미군은 도로를 찾기 어려웠다. 이때문에 공병대와 보병 병력을 동원해 포병대가 이동할 수 있도록 계속 기동로를 개척할 수밖에 없었다.[20]

미군은 덕진진 역시 초지진과 동일한 방법으로 공격하였다. 먼저 보병 공격 전 준비사격이 시작되었다. 여기에는 함포가 주로 동원되었으며 포병대 공격이 병행되었다. 준비사격이 끝난

---

17 서인한, 『丙寅·辛未洋擾史』, 국방부 전사편찬위원회, 1989, 224쪽.

18 Report of Commander H. C. Blake, United States Steamer Alaska, (3d rate), Isle Boisee, June 17, 1871.

19 일반적으로 보병 부대가 야지에서 시간당 이동할 수 있는 거리는 4km이다.

20 통상 이런 경우 嚮導를 통해 길안내를 받았다. 병인양요 당시에도 프랑스군은 서학교도의 도움을 받았다. 하지만 신미양요 당시 미군은 자체적인 노력만으로 길을 개척했기 때문에 더욱더 문제가 많았다.

이후에는 보병이 공격해 들어감과 동시에 포병은 사격을 연신하여 공격을 계속 지원하였다. 미군은 불과 15분 만에 덕진진을 점령하였다.[21] 여기서도 미군은 별다른 피해를 입지 않았다. 미군은 덕진진 역시 완전히 파괴하였다.[22]

이후 미 상륙부대는 계속 북상하여 11일 12시경 광성보 서쪽 배후 지점에 도착하였다[23]. 이때도 조선 내륙에 대한 정보 부족과 열악한 도로 사정, 한여름의 더운 날씨 그리고 규모 미상의 조선군이 지속적으로 측후방을 위협하는 등 여러 가지 요인으로 인해서 2km를 이동하는 데 약 4시간이 소요되었다.[24] 이과정에서 일사병 환자가 다수 발생하였다.[25]

---

21 김명호의 주장(김명호, 『초기 한미관계의 재조명 : 서면호 사건에서 신미양요까지』, 317쪽)을 근거로 『한국군사사 : 근현대 1』에서도 덕진진을 수비하던 군대가 무력하게 패배하였으며 미군의 공격 사실을 인근 광성보에 알리지도 않은 결과 광성보도 역시 기습공격을 받게 되었다고 서술하였다. (육군군사연구소, 『한국군사사 : 근현대 1』, 경인문화사, 2012, 93쪽 각주 138 참조) 그러나 이것은 잘못된 기술로 보인다. 미군 전체 전과보고에 의하면 조선군 사상자는 총 243명이었다. 광성보에서 확인된 조선군 사상자 역시 243명으로 보고하였다(Capture and Destruction of Corean Forts, Report of Rear Admiral John Rodgers, Ship of Asiatic Fleets, Chefoo, China, July 5, 1871). 이것은 초지진과 덕진진에서 조선군 사상자를 발견하지 못했기 때문에 전체 전과에 포함시키지 않은 것으로 볼 수 있다. 즉 초지첨사 이렴의 최초 대응과 같이 덕진진 역시 미군 공격전에 자발적으로 철수한 것으로 볼 수 있다.

22 *Marine Amphibious Landing In Korea, 1871*, p. 19.

23 Andrew C. Nahne, Albert Castel, "Our Little War with the Heathen", in *American Heritage, vol. 19*(3), 1968, p. 73.

24 E. M. Cable, *United States-Korean Relations, 1866~1871*(Seoul : Literary Department of the Chosen Christian College, 1939), pp. 95-96.

25 Capture and Destruction of Corean Forts, Report of Rear Admiral John Rodgers, Ship of Asiatic Fleet, Chefoo, China, July 5, 1871.

강화해협 입구 진지군의 마지막에 위치한 광성보는 미 상륙부대의 마지막 공격 목표였다. 여기까지 점령하게 되면 목표는 달성할 수 있었다. 미군은 광성보 역시 다른 진지와 동일한 방법으로 공격하였다. 그런데 이곳은 지금까지와는 달리 상당수의 조선군이 방어하고 있었다. 미군은 처음으로 조선군의 본격적인 저항에 직면하였다. 미 상륙부대는 미 해군의 함포 지원을 받으며 공격하여 결국 조선군을 전멸시키고 광성보를 점령하였다. 그러나 미군에서도 처음으로 3명의 사망자가 발생하였다.[26]

이때 모노카시호도 파손되었다. 모노카시호는 해상에서 함포 사격을 통해 상륙부대를 지원하였는데, 강화해협의 강한 조류에 휩쓸리며 암초에 좌초하여 파손되었다. 이로 인해 모노카시호와 팔로스호는 곧 상하이로 수리를 보내야 했다.[27] 이제 미 아시아 함대에는 해로를 탐측할 수 있는 포함이 더 이상 남아 있지 않았다.

광성보를 점령한 미군은 조선군의 '수자기'를 내리고 자국의 '성조기'를 게양한 후, 덕진진과 마찬가지로 광성보 일대의 군 구조물을 철저히 파괴하였다. 이후 미군은 광성보 일대에

---

26 Capture and Destruction of Corean Forts, Report of Rear Admiral John Rodgers, Ship of Asiatic Fleet, Chefoo, China, July 5, 1871. 부상자에 대해서는 김원모, 『近代韓美交涉史』, 홍성사, 274~287쪽 참조.

27 Capture and Destruction of Corean Forts, Report of Rear Admiral John Rodgers, Ship of Asiatic Fleet, Chefoo, China, July 5, 1871.

서 숙영한 후 12일 아침 조선군 부상자와 함께 함대로 철수하였다.[28] 미 함대는 작약도 일대에서 별다른 군사적 행동 없이 머물며, 해변가에 세운 장대에 서신을 매달아 놓는 식으로 조선 정부와 교섭을 지속하였다. 결국 조선 정부와 조약 체결을 하지 못한 미군은 7월 3일 즈푸항으로 철수하였다.[29]

---

28 육군군사연구소 편, 『한국군사사 : 근현대 1』, 경인문화사, 2012, 96쪽.
29 김용구, 『약탈 제국주의와 한반도 : 세계외교사 흐름속의 병인·신미양요』, 원, 2013, 127쪽.

정치 경제적 상황을 떠나서도 그랜트 행정부로서는 예상보다 위험 부담도 높고
고비용이 소요되며 국민적 관심도 부족한 조선 원정을 계속해서 추진하기는 어려웠다.
결국 신미양요의 패배로 인해 프랑스처럼 미국의 위상이 흔들릴 수도 있다는
우려에도 불구하고 조선에 대한 침공은 더 이상 추진되지 않았다.
이것은 아시아 지역에서 일본을 개항시켰던 흑선충격을
이제는 재현하기 어려워졌다는 것을 의미하였다.

12장

미국의 대조선
포함외교 특성

W. F. B. 로리는 "증기선은 발전의 시대에 무서운 발언의 수단인 하나의 '정치적 설득자'였다"라고 하였다.[1] 이것은 증기선과 함께 본격적으로 등장하기 시작한 서구 열강의 군사적 특성을 보여준다. 증기선은 해안에 머무르던 서양 열강의 영향력을 내륙으로 진출시키는 전기를 마련해주었다. 미국 역시 1871년 자국의 권익을 조선에 강요하기 위하여 포함을 동원하여 강화도에 상륙하였다. 초지진과 덕진진, 광성보를 점령함으로써 상륙부대는 작전 목표를 달성하였지만, 최초 의도하였던 정치 외교적 목적은 달성하지 못하였다. 6월 10일부터 12일까지 벌어진 전투에서도 사상자 수 등에서는 분명 조선군에 비해 미군이 압도적으로 우세한 결과를 낳았다. 그러나 미군은 군사적 우위를 통해 전략적 결과는 물론 외교적 목적을 달성하기 위한 '정치적 설득'까지도 나아가지 못하였다. 전술적 우위 역시 기습을 통해 달성한 단기적인 우위에 불과하였다. 그 원인은 전투 과정에서 드러난 미군의 군사적 특성에 있었다.

---

1   W. F. B. Laurie, *Our Burmese wars and Relations With Burma* (London: W. H. Allen, 1880), p. 109.

1842년 아편전쟁에서 승리한 영국은 청과 「난징조약」을 맺었다. 영국군은 아편전쟁 초기 해안에 위치한 샤먼, 팅하이, 칭타이, 닝보 등 주요 도시를 점령하였지만 청에게 정치적으로 별다른 영향을 줄 수는 없었다. 그러나 영국 해군의 포함이 양쯔강을 장악하고 이어 대운하와 만나는 지점인 진강을 점령하자 국면이 바뀌었다. 대운하는 베이징에 필요한 식량을 비롯한 각종 물자를 공급하는 대동맥에 해당하였기 때문이다.[2] 영국은 군사력을 이용하여 청 정부에 경제적 위협을 가함으로써 「난징조약」이라는 외교적 목적을 달성할 수 있었다.

1871년 조선에 온 미군 역시 조선 정부에게 무력을 과시함과 동시에 전략적 목표인 서울의 입구에 해당하는 강화도를 공격함으로써 교섭을 강요하려 하였다. 이를 위하여 손돌목에 있던 조선군의 방어 행위를 빌미로 군사 행동을 감행하였다. 미군은 수륙양면으로 공격함으로써 해안가의 진지에 배치된 조선군을 공격하였다. 실제로 광성보 전투에서 보여지듯 이러한 전술은 강화도를 수비하는 조선군에 대해서는 유효적절한 공격이었다. 강화해협 통제를 목적으로 만들어진 조선군의 해안 진지는 그 특성상 수륙양면 공격에는 취약하였다.

하지만 미군 역시 공격 과정에서 많은 문제점이 드러났다. 우선 6월 10일 조선군 진지의 배치와 지형상의 어려움 때문에

---

2   Daniel R. Headrick, *The Tools of Empire, Technology and European Imperialism in the Nineteenth Century* (Oxford: Oxford University Press, 1981), pp. 68-73.

상륙 직전에 상륙 지점을 변경하는 일이 발생하였다.[3] 이는 미군이 1866년 프랑스군이 작성한 지도를 토대로 계획을 수립하면서 병인양요 이후 조선군이 강화도에 취한 군사적 대비를 반영하지 못해 생긴 결과였다. 이처럼 미군의 작전계획은 주로 병인양요 당시 프랑스군이 작성한 지도를 토대로 했기 때문에 이후의 변화상은 전혀 반영되어 있지 않았다. 이런 상황에서 추가적인 예비 및 보급 부대를 편성할 만한 여건이 되지 못했기 때문에 결국 압도적인 전력을 앞세운 단기 결전 형태의 작전계획이 수립되었다. 그러나 부정확한 정보를 근간으로 수립된 작전계획은 근본적으로 많은 위험성을 안고 있었다.

또한 상륙부대 편성에서도 몇 가지 특징이 있었다. 앞에서 언급한 바와 같이 미군은 편제상으로는 10개 중대로 편성되는 연대 규모였지만 단위 중대당 병력은 1개 소대 규모에 불과하였다. 이러한 편성은 융통성 있는 대처를 위한 것이었다. 다양한 돌발 상황이 발생하였을 때마다 별도의 명령으로 제대를 분리시키는 것은 매우 어려웠다. 애초에 단위 제대를 중대 단위로 분리시켜 편성한다면 돌발 상황에서도 간편한 조치가 가능하였다. 그러나 이러한 편성은 취약점 역시 안고 있었다. 일단 단위 제대의 병력 규모가 매우 적었기 때문에 임무 부여에 제한 사항이 많았다. 특히 적의 공격이 집중될 경우 쉽게 해당 부대

---

3 Report of Commander H. C. Blake, United States Steamer Alaska, (3d rate), Isle Boisée, June 17, 1871.

가 담당하는 전선이 무너질 수 있었다.

상륙부대가 안고 있는 편제상의 문제점 외에도 해로 탐측이 가능한 포함이 전투 중에 모두 손상을 입음으로써 미군은 조선군에게 결정적 위협을 가할 주된 수단을 상실하였다. 결정적 위협을 가하기 위해서는 포함이 계속해서 강화해협을 통해 북상하여 조선의 수도를 위협해야 했으나, 탐측 가능한 포함이 모두 파손되어 더 이상의 한강 진입이 불가능하였다.

〈표 1〉은 신미양요 당시 동원된 미 함대의 제원이다. 당시 미 함대의 기함은 콜로라도호였다. 〈표 1〉에서 보이는 것처럼 콜로라도호에는 나머지 4척의 군함과 필적하는 무장과 승무원이 탑승하고 있었다. 그럼에도 불구하고 콜로라도호는 전투에 참여하지 못하고 작약도 일대에 머물렀다. 실제로 전투에 참여한 모노카시호와 팔로스호는 신미양요에 참여한 군함 중 가장 전력이 약한 편이었다. 하지만 미군은 강화도 침공 당시 모노카시호와 팔로스호만을 주력으로 전투에 참여시키고 콜로라도호를 비롯한 나머지 군함은 제외하였다. 이러한 결정은 조선의 해안지형과 미 함대 선체의 구조적 특징 때문에 내려진 것이었다.

미군은 1866년 프랑스군의 조선 원정 당시 측량한 해도를 갖고 있었다.[4] 하지만 이것은 이미 5년여의 시간이 경과한 해도였다. 그리고 강한 조류 때문에 수시로 쌓였다 사라지는 모래톱

---

4 이 때문에 병인양요 당시 프랑스 원정군 사령관의 이름을 따와 'Roze roads'라고 불렀다.

<표 1> 신미양요 당시 동원된 미 아시아 태평양 함대 제원[5]

구분	Colorado	Alaska	Monocacy	Benicia	Palos
흘수	6.7m	4.9m	2.7m	5.5m	2.8m
배수량	3,480t	2,394t	1,392t	2,439t	420t
무장	100pdr×2 11'sb×1 9'sb×42 12pdr h×6 20pdr h×2	11'sb×1 60pdr×1 20pdr×2	gun×6	11'sb×1 9'sb×10 20pdr×2	gun×2
속도(노트)	9	11.5	11.2	11.5	10.35

등과 같은 해저 상황에 대해서는 더욱 부정확할 수밖에 없었다. 강화해협의 조류는 닻을 내린 상태에서도 배가 쓸려 내려갈 정도로 빨랐다.[6] 안전하게 해로를 이용하기 위해서는 변화된 해저 지형 탐측이 불가피하였다. 특히 강화도 인근 조수간만의 차는 30피트(9m)가 넘었기 때문에 자칫하면 함선이 그대로 좌초할 수도 있었다. 따라서 흘수[7]가 깊은 선박은 애초에 접근 자체가 불가능하였다. 무장은 가장 빈약하지만 흘수가 낮은 모노카시

---

5 Howard Irving Chapelle, *The History of the American Sailing Navy; The Ships and Their Development* (New York: Norton, 1949) ; Donald L. Canney, *The Old Steam Navy: The Ironclads, 1842~1885* (Annapolis: Naval Institute Press, 1993).

6 그렇기 때문에 미군은 강화해협의 조류를 '홍수 같다'고 표현하였다('The Corean Affair', *The New York Times* (1871. 7. 17)).

7 흘수(吃水)는 수선(waterline)과 선체의 가장 깊은 부분 간의 수직 거리를 의미한다. 따라서 흘수보다 낮은 수심에서는 운항이 불가능하다.

호와 팔로스호를 탐측과 전투에 동원한 이유가 여기에 있었다.

6월 1일 최초 손돌목 전투 당시에 탐측을 지원하던 모노카시호가 조류에 쓸려 암초에 좌초되었다. 당시 현장을 지휘하였던 블레이크 중령은 이로 인해서 손돌목 공격을 종료하고 복귀하도록 지시하였다.[8] 6월 10일에서 12일까지의 전투에서도 첫날 팔로스호가 파손되었고, 11일에는 모노카시호가 다시 파손되었다. 이처럼 조선의 연해는 흘수가 낮은 선박도 운항하기 어려웠다. 또한 1866년 당시 프랑스군이 기습을 통해 갑곶진에 상륙할 수 있었던 것과는 달리 이때 강화해협은 조선군이 철저히 통제하고 있었다. 강화해협을 탐측하며 조선군의 공격을 방어하고 동시에 상륙부대 전투 지원을 해내는 것은 쉬운 일이 아니었다.

그렇다고 함포의 지원 없이 공격하는 것은 거의 불가능하였다. 그럴 경우 병인양요와 같은 양상이 될 가능성이 높았다. 만약 미군이 포함의 북상 없이 상륙부대만을 이용하여 단독으로 공격했다면 조선군은 내륙의 유리한 지형에서 저항했을 것이다. 실제 초지진을 지키는 병력은 6월 10일 미군의 최초 공격 시 해안포대를 포기하고 내륙으로 들어가 상륙한 미군의 배후를 위협하였다.

조선군 역시 병인양요 당시 전투 경험을 통해서 이양선에 탑재된 함포의 위력을 충분히 인식하고 있었다. 따라서 조선군

---

8 Report of the Secretary of the Navy Expedition to Corea of Rear Admiral John Rodgers, United States Steamer Colorado, (1st rate), Flag-Ship of Asiatic Fleet Boissée Anchorage, Saleée River, Corea, June 3, 1871.

입장에서는 병인양요 때처럼 함포로 공격이 불가능한 문수산성과 같은 내륙 지형을 이용하는 것이 방어에는 유리하였다. 하지만 강화해협을 계속해서 통제하기 위해서는 광성보 등을 고수해야만 했다. 강화해협을 따라 계속 북상하여 한강으로 진입하는 것을 막아야 하기 때문이었다.

그래서 조선군은 해협을 따라 방어 구조물을 축성할 때 병인양요의 경험을 반영하여 함포 공격에 나름대로의 대책을 강구하였다. 광성보 전투에서 조선군이 계속 저항할 수 있었던 요인도 여기에 있었다. 미 보병부대원들이 소지한 개인화기만으로는 조선군이 설치한 방어 구조물을 점령하기가 어려웠다. 이러한 약점을 극복하기 위해서는 포병대의 화력 지원이 절실하였다. 이런 이유로 미군은 상륙부대에 포병대를 포함시켰다. 아울러 이들을 직접 지원하기 위한 공병대까지 편성하여 상륙부대에 포함시켰다. 하지만 상륙부대에 포함된 포병대는 양날의 검과 같았다.

〈표 2〉 신미양요 당시 상륙부대의 구간별 이동시간[9]

구 분	평균	상륙	초지진~덕진진	덕진진~광성보
거리	701m	182m	2.2km	2km
시간	1시간	2시간 30분	1시간 45분	4시간

9 기본적으로 상륙부대를 지휘하였던 블레이크 중령의 보고서를 토대로 시간을 구성하였다. 여기에 일부 포함되지 않은 갯벌 통과 구간은 해병중대를 지휘하였던 틸턴 대위의 보고서를 참조하였다. 거리는 지도상 거리를 활용하였다.

강화도 공격 당시 미 상륙부대는 〈표 2〉에 나타나듯이 시간당 약 700m만을 이동하였다. 보병부대는 야지에서 시간당 평균 4km 정도를 이동하는데, 이보다 시간이 5배 이상 소요된 것이다. 결국 최초 22시간으로 계획하였던 작전 시간도 실제로는 2배 이상 증가한 48시간이 소요되었다. 주된 원인은 포병대 때문이었다. 포병대는 보급과 운반의 어려움으로 인해서 상륙부대의 기동에 많은 문제를 야기하고 있었다. 말과 같은 추가적인 운송 수단이 없는 이상 야포와 여기에 사용되는 포탄은 인력을 동원하여 이동시켜야 했다. 상륙부대는 작전 당시 전체 9개 보병중대 중 4개 중대를 포병대의 이동 지원에 투입해야만 했다.

그렇다고 상륙하지 않고서 작전 목적을 달성하기는 어려웠다. 강화해협을 원활하게 사용하기 위해서는 해협 연안의 조선군 방어 시설을 파괴하는 것이 필요하였다. 따라서 병력을 상륙시켜서 각각의 조선군 진지를 점령해야 했다. 하지만 내륙으로 들어갈수록 보급을 비롯한 모든 사정이 악화되었다. 실제 이 전투에 참가한 슐레이는 그의 자서전에서 당시 상황을 다음과 같이 묘사하고 있다.

行軍은 뜨거운 태양과 찌는 듯한 熱氣 속에서 행해졌기 때문에 더욱 어려웠다. 行軍路는 가파른 절벽으로 연속되어 있었다. 그리하여 공병대를 파견해서 길을 넓히고 다듬었다. 총을 잡아 끌어 올려야 했고, 절벽 밑으로 줄을 달

아서 곡사포를 끌어 올려야 했다. 흰옷 입은 조선군 대부
대가 미군의 양 측면에 나타나서 후속 부대의 행군을 위
협하고 있었다. 조선군 부대의 수가 점차 증가하므로 사
태는 급박해졌다. 그래서 이 포대를 곧 점령하지 않으면
광성보의 함락은 불가능하다고 생각했다.[10]

슐레이가 지적한 '흰옷 입은 조선군 대부대'는 미군에게 심
각한 위협이었다.[11] 내선의 이점을 이용하여 조선은 군대를 계
속해서 증원되고 있었다. 이들이 미 상륙부대의 배후와 후속 부
대를 위협하게 될 경우 미 상륙부대는 방어를 위한 병력을 기하
급수적으로 늘릴 수밖에 없었다. 이 때문에 조선이 보유한 많은
지상군은 매우 위협적으로 인식되었다.[12] 미 상륙부대가 야간
에도 제대로 휴식을 취하지 못하면서 상황은 더욱 악화되었다.
소규모인 미 상륙부대는 점차 고립무원 상태에 빠졌고, 점증하
고 있는 조선군에게 포위당하고 있었다. 물론 상륙부대원 개개
인의 화력은 조선군보다 우세하였지만 개인이 소지한 탄은 최
초 보급된 100발뿐이었다. 만약 포위된 상태에서 소모전이 장
기화되면 괴멸은 불을 보듯 분명하였다.

10　E. M. Cable, *United States-Korean Relations, 1866~1871*(Seoul : Literary
　　Department of the Chosen Christian College, 1939), pp. 95-96.

11　실제 이들이 조선군인지 아니면 지역 주민인지는 정확히 알 수 없다. 하지만 미
　　군의 경우 이들을 자신들에게 위협을 줄 수 있는 조선군으로 인식하고 있었다.

12　Report of Commander H. C. Blake, United States Steamer Alaska, (3d rate),
　　Boissée Island Anchorage, June 2, 1871에서 블레이크 중령이 파악한 대략적인
　　적정에서도 이러한 위협이 잘 포함되어 있다.

양호한 지형지물을 찾아 내륙으로 진출하는 것 역시 불가능하였다. 함포로 직접 지원할 수 없는 지역은 미군의 공격이 더욱 어려울 수 있었다. 미군은 지형적 불리함을 안고서 계속 해안가를 따라 도로를 개척하면서 전진할 수밖에 없었다. 심지어 조선군의 전력 역시 예상을 뛰어넘었다. 특히 광성보에서 보여준 조선군의 저항은 매우 격렬하였다.[13]

정리하자면 조선의 해안은 매우 복잡하고 아직 정확한 지형파악이 되지 않아서 접근이 매우 어려웠다. 더욱이 높은 조수간만의 차는 미 해군이 상륙부대를 지원하는 데 많은 어려움을 야기하였다. 이 때문에 무장이 빈약함에도 불구하고 흘수가 가장 낮은 모노카시호와 팔로스호만이 전투에 동원되었다. 이처럼 'Roze Roads'라고 명명된 해로는 많은 난관을 안고 있었다. 미 해군은 해로 탐측 당시부터 지상 병력을 상륙시키고 공격을 지원하는 과정에서 수많은 위험을 감수해야만 했다. 주된 원인은 강화해협의 강한 조류 때문이었다. 모노카시호와 팔로스호는 조류에 의해서 계속 파손되었다. 광성보 전투 이후 모노카시호와 팔로스호는 파손이 심각하여 상하이로 보내져 수리에 들어가게 되었다.[14] 함포의 지원이 없는 상태에서 600여 명의 상륙부대만으로는 수많은 조선군을 단독으로 상대하기 어려웠다.

---

13 서인한, 『丙寅·辛未洋擾史』, 국방부 전사편찬위원회, 1989, 230쪽.

14 Capture and Destruction of Corean Forts, Report of Rear Admiral John Rodgers, Ship of Asiatic Fleet, Chefoo, China, July 5, 1871.

결국 미 함대가 광성보 전투의 국지적인 승리 이후 상륙부대의 피해가 거의 없었음에도 불구하고 철수하여 별다른 군사 행동을 추가적으로 벌이지 못한 채 20여 일을 조선 해안에 머무를 수밖에 없었던 요인은 대조선 침공 과정에서 나타난 미군의 군사적 한계에 있었다. 미군은 모노카시호와 같은 포함을 이용하여 연안에서 벗어나 내륙으로 군사적 영향력을 확대하고자 하였지만 조선군에 밀려 철수할 수밖에 없었다. 조약 체결을 조선 정부에게 강요하기 위해서는 미군이 전략적 중심지를 점령하여 조선 정부가 정치적 위협에 직면하도록 해야 했으나 당시 미군의 역량으로는 역부족이었다. 이 때문에 미군은 더 이상의 군사적 도발도 하지 못한 채 작약도 앞에 머물며 조선 정부와 장대 외교를 지속하게 된 것이었다.

신미양요 이후 미군은 조선과 조약을 체결하기 위해서는 조선의 수도인 서울을 직접 공격하여 점령해야 하며, 서울을 공격하는 데는 약 35,000여 명이 필요하다고 보고하였다.[15] 동북아시아에서 미국의 영향력을 확대하기 위해서는 조선을 미국의 질서 안으로 편입시켜야 했으나, 이때 미국이 치러야 하는 비용은 과거 예상했던 것보다 기하급수적으로 늘어났다.[16] 이러한

---

15 일본은 신미양요 직후 로저스의 보고를 토대로 서울까지 공격하는 데 필요한 육군 병력 규모를 35,000명 수준으로 판단하였다(『朝鮮事務書』 11권). 그러나 로저스 전기를 쓴 존슨(1967)은 증원 규모를 3,000명으로 보았다(Robert E. Johnson, *Rear Admiral John Rodgers, 1812~1882*).

16 미국이 추가적으로 침공하기 위해서는 다른 비용은 제외하고 함대 구성을 위한 비용만을 검토해도 상당한 규모의 지출을 감당해야 했다. 예를 들면

비용은 당시 미국으로서는 감당하기 어려운 수준이었다. 미국은 남북전쟁 당시 과도하게 확장되었던 군비를 감축하는 중이었고,[17] 전쟁으로 파괴된 남부 지역에 우선적으로 국가 예산이 투입되고 있었다. 정치 경제적 상황을 떠나서도 그랜트 행정부로서는 예상보다 위험 부담도 높고 고비용이 소요되며 국민적 관심도 부족한 조선 원정을 계속해서 추진하기는 어려웠다. 결국 신미양요의 패배로 인해 프랑스처럼 미국의 위상이 흔들릴 수도 있다는 우려[18]에도 불구하고 조선에 대한 침공은 더 이상 추진되지 않았다. 이것은 아시아 지역에서 일본을 개항시켰던 흑선충격을 이제는 재현하기 어려워졌다는 것을 의미하였다.

Johnson(1967)의 기록을 토대로 최소 3,000명의 병력만을 이동시켜도 신미양요의 약 5배인 25척 규모의 함대를 구성해야 했다. 35,000명의 경우에는 함대 규모가 265척으로 늘어났다. 좀 더 구체적으로 살펴보면 신미양요 당시 동원된 군함의 총 배수량은 10,125톤이었다. 1870년 미 해군의 전체 규모는 비전투선까지 포함하여 185척에 배수량 183,295톤이었다. 따라서 동원규모가 약 3,000명이라고 한다면 필요한 함대 규모는 약 5만 톤으로서 당시 미 해군 전체 전력의 약 1/3을 동원해야 가능하였다. 만약 35,000명 규모였다면 약 60만 톤으로서 미 해군 전체 전력의 약 4배 정도가 필요하였다(*Register of the Commissioned and Warrant Officers of the Navy of the United States, including Officers of the Marine Corps, and other, for the Year 1870* (Washington, DC: Govt, 1870), pp. 152-155). 이것은 내륙 강안용 비전투선까지 포함한 것으로서 만약 실제 참여 가능한 함선만을 계산하면 동원해야 하는 비중은 더욱 높아진다. 참고로 청일전쟁 당시 일본 함대 전체 배수량은 56,468톤에 불과하였다(김석구 외, 『청일전쟁』 육군군사연구소, 2014).

17 Andrew J. Birtle, *U.S Army Counterinsurgency and Contingency Operations Doctrine 1860~1941* (Washington, D.C. : Center of Military History, United States Army, 2009), pp. 55-56.

18 W. E. Griffis, 『은자의 나라 한국』 신복룡 역, 집문당, 1999, 535쪽.

참고문헌

김낙현, 홍옥숙, 「허만 멜빌의 『모비 딕』에 나타난 포경 항로와 19세기 북태평양의 정치적 상황」, 『해항도시문화교섭학』 16, 2017.

김남균, 「19세기 미국의 포경업, 태평양, 그리고 아시아」, 『미국학논집』 45(1), 2013.

김원모, 「슈펠트의 탐문항행과 조선개항계획(1867)」, 『동방학지』 35, 1983.

김원모, 「페비거의 탐문항행과 미국의 대한포함외교」, 『사학지』 16, 1982.

박제광, 「강화해양 관방체제의 무기 체제와 방어전력 : 돈대를 중심으로」, 『19세기 서구열강의 침입과 강화해양관방체제』, 2018.

박찬식, 「申櫶의 國防論」, 『역사학보』 117, 1988.

송양섭, 「17세기 강화도 鎭堡의 운영과 屯田策의 추진」, 『한국사연구』 176, 2017.

신효승, 「병인 신미양요 시기 방어전략 변화와 강화도 관방시설의 구축」, 『19세기 서구열강의 침입과 강화해양관방체제』, 2018.

심기재, 「막말명치초기에 있어서의 일본의 대조선 대응」, 『동양학』 30, 2000.

심승구, 「강화해양관방유적의 현황과 세계유산적 가치」, 『강화해양관방유적의 세계유산적 가치와 보존 방안』 1, 2016.

양재열, 「미국 남북전쟁 후의 재건에 대한 에이브러햄 링컨 대통령과 앤드류 존슨 대통령의 정책 비교」, 『세계 역사와 문화 연구』 42, 2017.

연갑수, 「병인양요 이후 수도권 방비의 강화」, 『서울학연구』 8, 1997.

우철구, 「19C 후반 프랑스의 대외정책과 병인양요」, 『누리와 말씀』 3, 1998.

윤세철, 「天津教案과 淸朝 外交의 變容 : 三口通商大臣 專設制의 廢止와 관련하여」, 『역사교육』 30.31합집, 1982.

이강근, 「조선후기 강화 지역 築城役에 대한 연구」, 『서울학연구』 51, 2013.

이민웅, 「18세기 江華島 守備體制의 强化」, 『한국사론』 34, 1995.

이수환, 「大院君의 院祠毀撤과 嶺南儒疏」, 『교남사학』 6, 1994.

장보운, 「아편전쟁을 바라보는 조선의 다중 시선」, 『한국사상사학』 56, 2017.

정민섭, 「17~18세기 경기도 일대 돈대의 입지와 구조적 특징」, 『인천학연구』 28, 2018.

차상철, 「윌리엄 시워드(William Henry Seward)와 미국의 팽창주의」, 『역사와 담론』 25, 1998.

김명호, 『초기 한미관계의 재조명 : 셔먼호 사건에서 신미양요까지』, 역사비평사, 2005.

김봉중, 『카우보이들의 외교사 : 먼로주의에서 부시 독트린까지 미국의 외교전략』, 푸른역사, 2006.

김석구 외, 『청일전쟁(1894~1895) : 19세기 국제관계, 주요 전투, 정치적 결과를 중심으로』, 육군군사연구소, 2014.

김용구, 『약탈 제국주의와 한반도 : 세계외교사 흐름속의 병인·신미양요』, 원, 2013.

김원모, 『近代韓美交涉史』, 홍성사, 1979.

김원모, 『개화기 한미교섭관계사』, 단국대학교출판부, 2003.

김원모, 「대원군의 군사정책」, 『한국사 37 : 서세동점과 문호개방』, 국사편찬위원회, 2000.

박병선, 『1866 병인년, 프랑스가 조선을 침노하다』, 조율, 2013.

서인한, 『丙寅·辛未洋擾史』, 국방부 전사편찬위원회, 1989.

연갑수, 『대원군집권기 부국강병정책 연구』, 서울대학교출판부, 2001.

육군군사연구소 편, 『한국군사사 : 근현대 1』, 경인문화사, 2012.

이민식, 『근대 한미관계 연구』, 백산자료원, 1998.

W. E. Griffis, 『은자의 나라, 한국』, 신복룡 역, 집문당, 1999

U. S. Department of State, 『미국의 대한정책(1834~1950)』, 한철호 역, 한림대학
　교출판부, 1998.

고동환, 「18·19세기 서울 京江地域의 商業發達」, 서울대학교 박사학위논문,
　1993.

China Mail

Cork Constitution

Cork Examiner

Daily News (London)

Derry Journal

Falkirk

Fifeshire Journal

Globe

Londonderry Sentinel

Newry Telegraph

Overland China Mail

Southern Reporter and Cork Commercial Courier

The Brooklyn Daily Eagle

The New York Times

Weekly Freeman's Journal

Henri Jouan, 'L'expédition de Corée en 1866 Épisode d'une station
　navale dans les mers de Chine', in *Mémoires de la Sociéténationale
　académique de Cherbourg, vol. 10*, 1871

Ch. Dallet, *Histoire de l'église de Corée*, t. 2.

Ch. Martin, *Expédition de Corée 1866.*

Andrew C. Nahne, Albert Castel, 'Our Little War with the Heathen', in
American Heritage, vol. 19(3), 1968

C. J. Bullock, et al., 'The Balance of Trade of the United States', in *Review of
Economics and Statistics vol. 1*, 1919

David Moment, 'The Business of Whaling in American in the 1850's', in *The
Business History Review Vol. 31(3)*, 1957

Earl Swisher, 'The Adventure of Four Americans in Korea and Peking in
1855', in *Pacific Historical Review, vol. 213*, 1952

Tyler Dennett, "Seward's Far Eastern Policy", in *The American Historical
Review, Vol. 28(1)*, 1922

William R. Manning, James Morton Callahan, John H. Latané, Philip Brown,
James L. Slayden, Joseph Wheless, James Brown Scott, "Statements,
Interpretations, and Applications of the Monroe Doctrine and of More
or Less Allied Doctrines" in *American Society of International Law.8*,
1914

Alexander Starbuck, *History of the American whale fishery from its earliest
inception to the year 1876* (Waltham, Mass. : The Author, 1876)

Alexander Williamson, *Journeys in North China, Manchuria, and Eastern
Mongolia with Some Account of Corea* (London : Smith, Elder & Co., 1870)

Andrew J. Birtle, *U.S Army Counterinsurgency and Contingency
Operations Doctrine 1860~1941* (Washington, D.C. : Center of Military
History, United States Army, 2009)

*Annual Report of the Secretary of the Navy on the Operations of the
Department for the year 1870*

Charles A. and Mary R. Beard, *The Rise of American Civilization vol II*
(New York: The Macmillan, 1927)

Charles Oscar Paullin, "The Opening of Korea by Commodore Shufuldt"

Colin A. Mackie, *A Directory of British Diplomats*, 2013

Congressional Globe, Vol. XIV.

Daniel R. Headrick, *The Tools of Empire, Technology and European Imperialism in the Nineteenth Century* (Oxford: Oxford University Press, 1981)

Donald L. Canney, *The Old Steam Navy: The Ironclads, 1842~1885* (Annapolis: Naval Institute Press, 1993)

E. M. Cable, *United States-Korean Relations, 1866~1871* (Seoul : Literary Department of the Chosen Christian College, 1939)

Eric Jay Dolin, *Leviathan: The History of Whaling in America* (New York: W. W. Norton, 2007)

Febiger Letter

The Foreign Relations of the United States

Howard Irving Chapelle, *The History of the American Sailing Navy; The Ships and Their Development* (New York: Norton, 1949)

INFANTRY TACTICS, U.S. ARMY. Vol. II (New York, 1862)

John Mason Hart, *Empire and Revolution: The Americans in Mexico Since the Civil War* (Berkeley and Los Angeles: University of California Press, 2002)

Jules Davids, *American Diplomatic and Public Papers: Treaty of Wanghia, vol. 9* (Independence: Scholarly Resources, 1981)

Kenneth J. Hagan, *American Gunboat Diplomacy and the Old Navy, 1877~1889* (Westport: Praeger, 1973)

Marine Amphibious Landing In Korea, 1871 (Washington, D.C. : Naval Historical Foundation Publication, 1966)

McPherson, Edward *The Political History of the United States of America*

During the Great Rebellion: From November 6, 1860, to July 4, 1864; Including a Classified Summary of the Legislation of the Second Session of the Thirty-sixth Congress, the Three Sessions of the Thirty-seventh Congress, the First Session of the Thirty-eighth Congress, with the Votes Thereon, and the Important Executive, Judicial, and Politico-military Facts of that Eventful Period; Together with the Organization, Legislation, and General Proceedings of the Rebel Administration. (Washington : Philip & Solomons, 1864)

Nathaniel Philbrick, *In the Heart of the Sea: The Tragedy of the Whaleship Essex* (New York : Renguin Group, 2000)

Obed Macy, *The history of Nantucket : being a compendious account of the first settlement of the island by the English, together with the rise and progress of the whale fishery ; and other historical facts relative to said island and its inhabitants. In two parts.* (Boston : Hilliard, Gray and Co., 1835)

Papers Relating to Foreign Affairs, Accompanying the Annual Message of the President to the Second Session of the fortieth congress.

Paul H. Silverstone, *Civil War Navies, 1855-1883(The U.S. Navy Warship Series)* (Annapolis, Md. : Naval Institute Press, 2006)

Register of the Commissioned and Warrant Officers of the Navy of the United States, including Officers of the Marine Corps, and other, for the Year 1870 (Washington, DC: Govt, 1870)

Rene Chartrand, *The Mexican Adventure 1861-67* (28 July 1994)

Report of the Secretary of the Navy and of the Postmaster General being part of the Message and Documents Communicated to the two Houses of Congress at the beginning of the Second / Third Session of the Forty – Second Congress (Washington : Goverment Printing Office, 1871)

Robert Ray Swartout Jr., 'The background and development of the 1871 Korean-American incident: a case study in cultural conflict' (1974)

Robert Swartout, *The Background and Development of the 1871 Korean-American Incident* (Portland: Portland State University, 1974)

Seward, Frederick W., *Seward at Washington as Senator and Secretary of State, Vol. 3, 1891.*

Shufeldt's Letter Book

Stephen B. Oates, *Abraham Lincoln: The Man Behind the Myths* (New York: New American Library, 1984)

The Chronicle and Directory for China, Japan and Philippines for 1865 (Hong Kong)

Thomas G. Paterson, J. Garry Clifford, Kenneth J. Hagan, *American Foreign Policy : a history* (Lexington, Mass. : D.C. Heath and Co. 1995)

United States. Navy Department, *Annual Report of the Secretary of the Navy Annual Report of the Secretary of the Navy* (U.S. Government Printing Office, 1861)

W. F. B. Laurie, *Our Burmese wars and Relations With Burma* (London: W. H. Allen, 1880)

Walter L. Fleming, ed., *Documentary History of Reconstruction* (New York: A. H. Clock Co., 1906)

Walter LaFeber, *The Cambridge history of american foreign relations, vol.02 : The American Search for Opportunity, 1865-1913* (Cambridge : Cambridge University Press, 1995)

Walter LaFeber, *The New Empire : an interpretation of American expansion 1860-1898* (Ithaca, NY : Cornell University Press)

William Elliot Griffis, *Corea: The Hermit Nation* (New York: Charles Scribner's Sons, 1882)

Winfield Scott Schley, *Forty-Five Years Under on flag* (New York: D. Appleton and Company, 1904)

Writings of John Quincy Adams, ed. worthington Chauncey Ford (New York : Macmillan, 1913)

저자 소개

신효승

한국 근대사를 중심으로 전쟁사를 연구하고 있다. 연세대학교에서 「20세기 초 국제 정세 변동과 한인 무장독립운동」으로 박사학위를 받았고, 예비역 육군 소령으로 작전, 지휘 등의 경험을 살려 심도 있고 폭넓게 전쟁을 연구해왔다.
관련 연구로는 「1차 세계대전 이후 중국 동북지역 한인 무장 단체의 무기」(2020), 「청산리 전역과 절반의 작전」(2020), 「'보고'에서 '석고화한 기억'으로=청산리 전역 보고의 정치학」(2018), 「1871년 미군의 강화도 침공과 전황 분석」(2014) 등이 있으며 저서로는 『조선전쟁 생중계』(공저), 『고려전쟁 생중계』(공저), 『일제의 흔적을 걷다』(공저) 등이 있다.

신미양요

초판 1쇄 발행 2021년 12월 10일
초판 2쇄 발행 2022년 10월 17일

지은이 신효승
기 획 인천문화재단 인천문화유산센터
펴낸이 최종숙
펴낸곳 글누림출판사

책임편집 이태곤 | **편집** 권분옥 임애정 강윤경
디자인 안혜진 최선주 이경진 | **마케팅** 박태훈 안현진

주소 서울시 서초구 동광로46길 6-6(반포4동 577-25) 문창빌딩 2층(우-06589)
전화 02-3409-2055(대표), 2058(영업), 2060(편집)
팩스 02-3409-2059 | **전자우편** geulnurim2005@daum.net
홈페이지 www.geulnurim.co.kr
블로그 blog.naver.com/geulnurim
북트레블러 post.naver.com/geulnurim
등록번호 제303-2005-000038호(2005.10.5)

정가는 뒤표지에 있습니다.
ISBN 978-89-6327-655-7 04910
      978-89-6327-545-1(세트)